사랑, 쓰다

# 우리가 사랑이라 부른 순간들

곰발, 김경모, 김누나, 이다혜,
이주희, 전지적 아아, 정수빈, 황효

| 사랑, 쓰다
| 여는 글

　가까이 있어도 설명하기 어려운 감정 '사랑'.
　우리는 사랑을 오래 말해왔지만 언제나 정의할 수가 없었다. 그래서 사랑이라 부른 순간들을 글로 쓰기로 했다. 각자의 삶 속에서 사랑이라는 말로 불리는 순간을 이야기로 이어가고자 했다.
　고민의 끝에 이 책에는 계절이나 날씨와 닮은 사랑, 끝까지 함께하고픈 다짐의 사랑, 가족에게 건네는 따뜻한 편지, 그리고 음악과 덕질을 향한 열정으로 피어난 사랑, 짝사랑과 보이지 않은 사랑 이야기를 담았다. 사랑에는 다양한 얼굴이 있듯, 여덟 사람의 이야기에도 저마다 다른 빛깔과 감정이 흐른다. 각자의 시간 속에서 만났던 사랑의 순간은 모양도, 온기도 제각각이다. 그러나 그 모든 이야기는 결국 오직 '사랑'이라는 이름으로 연결된다.

이 책을 펼친 당신에겐 '사랑'은 어떤 순간일까. 사랑이란 오래된 기억일 수도 있고, 아직 오지 않은 미래일 수도 있지만, 이 책을 읽으며 사랑의 순간들이 밝게 빛나길 바란다.

곰발, 김경모, 김누나, 이다혜,
이주희, 전지적 아야, 정수빈, 황효

## 차례

| | |
|---|---|
| 프롤로그 | 4 |
| 사랑, 오늘은 맑음 | 8 |
| 사랑은 고유한 너에게 닿는다 | 24 |
| 끝까지, 너와 함께 | 44 |
| 이 여자의 최애 사랑법 | 54 |
| 내 삶을 가득 채우는 사랑 이야기 | 70 |
| 사랑하는 나의 손주 영우에게 | 82 |
| 덕질이 별다른 게 있나요? | 94 |
| Love is music | 118 |
| 작가의 말 | 141 |

# 사랑, 오늘은 맑음

**정수빈**

불안함 속에서 흘러가는 날을 오래 붙잡고 살았지만 그 변화 속에서 사랑을 배우고 나를 배워가는 사람. 매일의 삶에서 사랑을 맞이하고 있다.

## 오늘의 날씨: 맑음, 청명함

 사랑을 색으로 묻는다면 하나로 답하기는 어렵다. 처음 마음을 주고받을 때는 햇살을 닮은 연한 노랑 같다가도, 보고 싶은 마음이 깊어지면 해질 녘의 붉은빛으로 스며든다. 함께 있는 시간이 길어지면 서로의 다름을 덮어주는 부드러운 크림빛 같다. 가끔은 서운함과 그리움이 겹쳐 짙은 남빛으로 무겁게 깔리기도 한다.

 사랑의 색은 어떤 날은 따뜻하고, 어떤 날은 서늘하고, 때로는 아무 색도 아닌 것처럼 투명하다가도 다시 나를 물들인다. 사랑은 그렇게 늘 맑고 투명하다. 사랑을 하면 나는 금세 투명해졌다. 별일 아닌 눈빛 하나에도 가슴이 저리고, 아무 말 없이 스친 손끝에도 온몸이 흔들렸다. 가장 취약했던 순간은, 사실 가장 솔직했던 순간이었다. "괜찮아."라고 말하면서도 속으로는 애가 탔고, "보고 싶다."라는 말 한마디가 목 끝에서 자꾸 맴돌았다. 사랑 앞에서는 강한 척도, 여유로운 척도 결국 오래가지 않았다. 조금 서투르고, 약해도 좋았다. 투명해진 나를 사랑의 색으로, 그 사람의 색으로 물들일 수 있어서 좋았다.

 사랑이 뭘까? 무엇인가를 맹목적이고 집요하게 좋아하는 것? 좋아함을 숨길 수 없을 만큼 좋아하는 것? 대가 없이 너무나도 좋아하는 것? 사랑할 때 가장 먼저 반응하는 곳은 눈이다. 시선이 따라간다. 관심이 가고 애정하는 것은 어느새 나도 모르는 사이 바라보고 있다. 눈에서 떼기 어렵다. 내가 바라보고 있었다는 것을 깨닫는 순간 사랑임을 인지하게 된다. 사랑이란 이유 없이 눈길을 끄는 것일까? 아니 이유 없이 눈길을 끄는 것이 사랑인 걸까?

 내게 가장 오래된 사랑의 기억은 엄마에게서 온다. 엄마 말을 듣지 않고 멋대로 행동하다가 놀라 울던 나를 달래주던 순간, 아침이면 무릎에 날 앉혀 밥을 한 숟갈씩 먹여주시던 순간, 그 모든 장면 속에서 엄마의 품은 나를 감싸는 세계의 첫 울타리였다. 엄마의 사랑을 색으로 표현한다면, 그것은 화려한 색은 아니다. 엄마의 사랑은 갓난 아기였을 때부터 나를 감싸안아 주던 담요, 색이 바래 본래의 빛깔을 잃어버리고 잿빛이 되어 버렸지만, 언제나 포근한 색을 지닌 내 담요를 닮았다. 나에게 엄마의 사랑은 단순한 기억을 넘어선다. 그것은 관계의 시작이자, 세상과 나를 이어주는 최초의 경험이며, 지금도 삶의 밑바탕에서 조용히 작동하는 근원적 힘이다. 그 힘은 언제나 회색 담요처럼 묵직하게 내 곁을 지켜왔다. 나는 그 힘을 붙잡으며, 뒤늦게나마 사랑이란 무엇인가를 묻고, 그 질문 속에서 다시 살아갈 용기를 얻는다. 나를 물들이는 수많은 사랑의 색 중에서도 가장 오래 남아 나를 지탱해 주는 빛은 바로 엄마의 사랑이다.

# 오늘의 날씨: 폭우, 해가 쨍쨍

 사랑과 함께한 계절 중 가장 선명하게 떠오르는 계절은 여름이다. 한낮에는 뜨겁게 장렬하는 태양이 모든 것을 삼켜버릴 듯했고, 어느 순간에는 갑작스러운 폭우가 쏟아져 세상을 송두리째 흔들어 놓았다. 여름의 공기는 늘 무겁고 습했지만, 그만큼 감정도 무거웠다. 폭우와 태양이 공존하는 계절, 나는 그 속에서 사랑도 늘 그렇게 양가적인 얼굴을 지니고 있음을 배웠다.
 사랑은 언제나 말보다 먼저 다가왔다. 유난히 마음이 무겁던 날, 아무 말 없이 내 손에 쥐여주던 따뜻한 커피 한 잔. 새벽바람이 서늘한 골목길을 말없이 함께 걸어주던 느린 발걸음. 내가 다 털어놓기도 전에 "오늘은 아무 걱정 말고 자."라며 등을 토닥여주던 손길. 이 순간들은 장마

철 폭우처럼 불쑥 찾아왔지만, 지나가고 나면 마음속 깊은 곳까지 스며들었다. 말은 쉽게 흩어지지만, 그 침묵 속 다정한 몸짓과 온기는 오래도록 남았다. 나는 종종 "사랑해!"라는 한마디보다, 말없이 곁을 지켜준 순간들을 더 믿었다. 사랑은 굳이 드러내지 않아도, 그 자리에 함께 있다는 사실만으로 충분히 전해졌기 때문이다.

그러나 사랑은 또 다른 얼굴을 가지고 있었다. 폭우 뒤에 찾아오는 햇빛처럼, 사랑은 때로 가장 평범한 말속에서 빛을 드러냈다. "밥은 먹었어?"라는 물음은 겉보기에는 단순하고 유치하게 들릴지도 모른다. 하지만 그 짧은 말 안에는 함께하고 싶은 마음, 무사하기를 바라는 애정이 고스란히 담겨 있었다. 나에게 이 말은 '사랑해'보다 먼저 입에 익은 표현이었다. 좋아하는 사람이 생기면, 그 사람이 잘 먹고 잘 자는지를 묻는 것으로 하루를 시작했다. 내 사랑은 언제나 거창한 고백보다는 소소한 걱정과 일상의 말들로 흘러넘쳤다. 사랑은 그렇게 내 하루의 말속에 스며 있었고, 사소한 대화조차 뜨거운 태양처럼 마음을 데우곤 했다. 여름의 열기였을까? 사랑은 나를 조금 더 용감하게 만들었다.

나는 원래 신중한 사람이었다. 상처받지 않으

려고, 후회하지 않으려고, 늘 계산하고 거리를 두며 마음을 지키려 했다. 하지만 누군가를 사랑하게 되자 그 계산은 금세 무너졌다. 조금 부족해도 괜찮았다. 어색해도 상관없었다. 보고 싶으면 보고 싶다고, 듣고 싶으면 듣고 싶다고, 내 마음을 덜어두지 않고 그대로 건넸다. 사랑은 나를 흔들었지만, 그 흔들림 덕분에 나는 더 솔직해지고 단단해졌다. 폭우처럼 거칠게 몰아쳤던 감정 속에서도, 햇볕이 쨍쨍 내리쬐던 여름날처럼 밝고 투명한 순간들을 동시에 품을 수 있었다. 그때의 나는 겉으로는 고요했지만, 사실은 누구보다도 용감했다.

 여름은 그렇게 나에게 사랑을 가르쳐 준 계절이다. 폭우와 태양이 교차하는 하늘처럼, 사랑은 침묵과 말 사이를 오가며, 때로는 나를 흔들고, 때로는 나를 단단히 붙들어 주었다. 나는 그 여름의 날씨 속에서, 그리고 여름이 물들이고 간 사랑 속에서 조금 더 진실한 내가 되는 법을 배웠다.

## 오늘의 날씨: 바람, 선선함

 사랑은 늘 가을바람 같았다. 불현듯 불어와 마음을 흔들고, 또 선선하게 식어가며 빈자리를 남겼다. 가을의 공기는 청명했지만 그 안에는 설명할 수 없는 쓸쓸함도 깃들어 있었다. 내 사랑도 그 계절처럼 한때는 눈부셨지만, 끝내는 차가운 기운을 남기고 흩어졌다.

 가을비가 흩뿌리던 날, 우산을 쓰지 못해 서 있던 내게 그는 아무 말 없이 자신의 우산을 씌워주었다. 따로 약속하지 않았는데도 퇴근길마다 편의점 앞에서 기다려주던 발걸음. 그 소소한 다정함은 뜨겁지 않았지만 선선한 바람처럼 은근히 스며들었다. 청명한 가을 햇살이 그렇듯, 분명 따뜻했으나 오래 머물지는 못하는 온기였다.

 그러나 시간이 지날수록 우리는 서로 다른 하

늘을 바라보고 있었다. 나는 책 한 권, 문장 하나에도 오래 머물며 이야기를 나누고 싶었지만, 그는 그 감정을 함께 나누지 못했다. 우리의 대화는 점점 짧아졌고, 주말마다 반복되는 말은 "이번 주엔 뭐 했어?"로 시작해 "그냥, 별일 없었어."로 끝났다. 그 말끝에서 더 이상 어떤 이야기의 가지도 뻗어나가지 않았다. 가을바람이 나뭇잎을 흔들다 스쳐 가듯, 우리의 대화도 표면만 흔들고는 곧 사라졌다.

나는 그가 내 일상 너머의 나를 궁금해해 주기를 바랐다. 내가 좋아하는 것들, 내가 자주 하는 생각들, 무엇에 웃고 무엇에 아파하는지를 알고 싶어 해주기를 바랐다. 하지만 그 기대는 매번 공기 속에 흩어졌다. 어느 날은 길에 무심코 쓰레기를 버리고 지나가는 그의 뒷모습을 보며 마음이 툭 꺾였다. 그 작은 장면들이 쌓이자, 내 안에는 설명하기 어려운 냉기가 차올랐다. 선선한 바람이 점점 차가운 바람으로 바뀌어 가는 것처럼, 내 마음도 서늘하게 식어갔다.

그럼에도 그의 웃는 얼굴 하나에 하루가 가벼워졌고, 서툰 말 한 줄에 밤새 뒤척였다. 그러나 시간이 갈수록 더 많은 밤을 눈물로 지새워야 했다. 사랑은 내 안에서 자라면서도 동시에 시들어

갔고, 결국 가을바람처럼 흔적만 남긴 채 사라졌다.

그럼에도 나는 과거로 돌아간다면, 그 사랑을 또다시 하겠노라 말할 것이다. 그 사람이어서가 아니라, 그때의 내가 그 마음을 외면할 수 없었기 때문이다. 가을바람이 나뭇잎을 흩날리듯, 그 사랑은 나를 흔들었고, 그 흔들림이 지금의 나를 만들었다. 그래서 나는 끝난 사랑을 쉽게 끝이라 부르지 못한다. 바람은 이미 스쳐 지나갔지만, 나는 아직 낙엽처럼 떨리고 있기 때문이다.

그 가을을 지나며 나는 사랑의 본질을 묻게 되었다. 사랑의 반대는 무엇일까. 예전에는 미움이라고 생각했다. 사랑하다가 다투면 곧바로 미움이 따라왔으니까. 그러나 시간이 지나 알게 되었다. 미움은 오히려 사랑과 닮아 있다는 것을. 욕하면서도, 애써 외면하면서도 속으로는 여전히 신경을 쓰기 때문이다. 진짜 반대는 무관심이었다. 바람 한 점 없는 고요한 공기처럼, 사랑이 지나간 자리를 빈틈없이 비워내는 것. 그래서 나는 미워하는 마음조차도 여전히 사랑의 자락이라고 믿는다.

사랑을 하면 얻는 것보다 잃는 것이 많다는 말을 예전에는 이해하지 못했다. 하지만 나 역시 사랑 때문에 내 고집을 내려놓았고, 꿈의 한 귀퉁이를 비워둔 적도 있었다. 좋아서 양보했고, 좋아서 참았고, 좋아서 조금 늦춰두었다. 그때는 손해 같았지만 지금은 억울하지 않다. 그것은 억지로 빼앗긴 것이 아니라, 내 마음이 기꺼이 내어준 선택이었기 때문이다. 가을바람이 스쳐 갈 때 몇 잎의 나뭇잎이 떨어지듯, 사랑은 나에게도 무언가를 떨구어 갔다. 하지만 그 자리에 남은 빈자리는 내가 사랑했음을 증명하는 흔적이 되었다.

사랑은 결국 가을바람처럼 다가와 선선한 기운을 남기고 떠났다. 청명했지만 쓸쓸했고, 따뜻했지만 오래 머물지 않았다. 바람은 지나가도 결을 남기고, 사랑은 떠나도 흔적을 남긴다. 나는 그 흔적 위에서 다시 살아가고, 또다시 사랑을 믿는다. 그리고 언젠가 또 다른 바람이 불어올 것을, 그 바람 속에서 나는 다시 한번 흔들리리라는 것을 안다.

## 오늘의 날씨: 눈, 고요함

  나는 스스로에게 묻곤 한다. 나는 사랑받을 자격이 있을까? 한때 나는 흠 없는 사람만이 사랑을 누릴 수 있다고 믿었다. 그러나 내 안에는 열등감, 이기심, 분노 같은 그림자가 얼어붙은 눈더미처럼 켜켜이 쌓여 있었다. 그래서 나는 사랑받을 수 없는 존재라 여겼다. 하지만 시간이 지나며 알게 되었다. 세상에는 사랑받을 자격이 없는 존재란 없다는 것을. 인간이든, 동물이든, 심지어 생명이 없는 사물조차도 모두 사랑받아 마땅한 존재이다. 눈이 내리면 온 세상이 차갑고도 고요한 빛으로 덮이는 것처럼, 우리는 모두 사랑받기 위해 태어났다. 나 역시 그렇다.

  사랑은 그러나 언제나 햇살처럼 따뜻하기만 한 것은 아니다. 그 안에는 질투와 집착, 상처와 피로가 함께 깃든다. 때로는 눈 내린 아침의 평화로움처럼 고요하지만, 이내 몰아치는 눈보라처럼 흔들리기도 한다. 사랑이 깊어질수록 우리는 서로의 내밀한 어둠까지 들여다보게 되고, 그때 비로소 사랑의 진짜 얼굴을 마주하게 된다. 사랑은 빛과 그림자가 얽혀 있는 겨울의 풍경과 닮았다. 눈길 위에 번지는 아이들의 웃음소리와, 차가운 바람이 몰고 오는 고독이 공존하는 계절처럼 말이다.

내 안에는 늘 괴물이 있었다. 인정받지 못한 감정들이 얼어붙어 있다가, 분노와 질투로 쏟아져 나올 때면 나는 스스로가 창피해 견딜 수 없었다. 그러나 이제는 안다. 그 괴물마저도 내 일부라는 것을. 내가 미워했던 모습까지도 껴안아야만 비로소 진정한 사랑에 닿을 수 있다는 것을. 겨울의 긴 추위가 있어야 눈의 맑음이 더 선명해지듯, 사랑 또한 서로의 어둠을 감당하는 데서 그 진실에 이른다.

나는 오랫동안 나 자신을 가장 미워했던 사람이었다. 타인의 차가운 시선에 질식할 것 같았고, 스스로조차 믿지 못했다. 그때의 나는 바람에 시달리며 홀로 선 겨울나무 같았다. 그러나 문득 깨달았다. 내가 나를 사랑하지 못한다면, 나는 어떻게 이 계절을 건너갈 수 있을까? 타인을 바라보기 전에 내 안의 불씨를 지켜내는 일이 먼저였다. 나를 사랑하는 일은 멀리 있는 것이 아니라, 바로 지금 여기서 시작되는 것이었다.

그래서 나는 나 자신과 약속을 잡았다. 겨울날 카페에 들어가 따뜻한 차를 마시고, 창밖으로 흩날리는 눈을 바라보며 시간을 보냈다. 책을 읽고, 핸드폰을 내려놓고, 오롯이 나와 마주하는 고요를 허락했다. 그날 깨달았다. 혼자라서 외로운 것이 아니라, 나와 잘 지내지 못할 때 진짜로 외롭다는 것을. 눈 내린 거리의 고요처럼, 어떤 오후는 타인과의 만남보다 나와 보내는 시간이 더 충만할 수 있다는 것을. 결국 내가 가장 오래 함께해야 할 사람은 다름 아닌 나 자신이었다.

"자신을 사랑하세요." 이 말은 단순한 위로나 다짐이 아니다. 그것은 어떤 순간에도 자기편이 되어주는 태도. 무너지는 날에도 감정을 억누르지 않고 있는 그대로 받아들이는 일, 괜찮은 척하지 않고 솔직하게 나를 돌보는 일이다. 삶이 기대에 닿지 못하더라도, 나는 여전히 의미 있는 존재라는 것을 잊지 않는 것. 그것이 겨울을 지나며 내가 배운 사랑의 방식이었다.

사랑은 결국 나로부터 시작해 다시 나에게로 되

돌아오는 계절 같은 것이다. 겨울밤의 차가운 공기 속에서도 눈은 여전히 내리고, 그 위에서 아이들은 웃으며 뛰어놀고, 눈 덮인 새벽은 고요와 평안을 선물한다. 사랑도 이와 같다. 추위와 고독이 찾아와도, 그 안에는 언제나 따뜻함과 기쁨의 순간이 숨어 있다. 나는 나와 사랑에 빠진다. 그것은 겨울을 견디게 하는 불빛처럼, 삶의 어떤 장면 앞에서도 나를 지탱해 주는 단 한 사람, 바로 나 자신이 되어주는 일이다.

우리가 사랑이라 부르는 순간들

# 사랑은 고유한 너에게 닿는다

**이다혜**

사랑을 주고받는 순간 가장 솔직해지고 그 과정을 기록하며 성장하는 사람

## 무한히 사랑하는 시절

아이에게 부모는 대체될 수 없는 존재다. 아이는 부모의 목소리, 시선, 손길을 통해 자신이 안전하다는 것을 배운다. 아이는 부모의 사랑을 통해 자신이 소중한 존재임을 알게 되고, 부모 역시 육아를 통해 누군가에게 절대적으로 필요한 사람임을 깨닫는다. 이 상호적인 깨달음은 시간이 지나도 지워지지 않는 흔적으로 남는다. 그래서 나는 가정 보육을 선택했다.

처음에는 온전히 주어진 하루가 막막하게 느껴져 문화센터의 음악과 체육 수업을 신청했다. 그런데 몇 번 참여해 보고 수업을 취소했다. 시간에 쫓겨 낮잠 자는 아이를 깨워 급하게 현관문을 나서는 그런 모습을 원하지 않았기 때문이다. 그저 아이와 함께하는 일상에 널찍한 여유가 있었으면 했다.

 자고 싶은 만큼 자고, 읽고 싶은 만큼 책을 읽고, 아이가 보고 싶어 하면 시간에 구애받지 않고 충분히 탐색할 수 있도록 했다. 아이와 함께하는 시간에서 효용성을 따지고 싶지 않았다. 개미만 한참을 보다가 집으로 돌아오거나, 그늘을 찾아 들어간 소나무 숲에서 솔방울 줍기만 한 적도 있다. 매화나무 아래에서 동글동글한 매실을 굴리며 오래도록 놀기도 했다. 내 아이의 요구와 속도에 충분히 맞춰줄 수 있다는 것, 이게 바로 가정 보육의 장점이었다.

 작은 몸짓 하나, 반짝이는 눈빛 하나까지 놓치지 않고 바라보던 시간 속에서, 우리는 서로의 세계가 되었다. 아이와 밀도 있는 하루를 함께하며 느낀 감정은 나를 끊임없이 성장시켰다. 아이는 어쩌면 나를 성장시키기 위해 온, 나의 작은 구원자일지도 모른다고 생각했다.

 그냥 사랑하고, 소모하고, 인내하며 일상은 흘러간다. 삶은 쏜살같이 흐르고, 한 아이의 고유한 어린 시절이 내 곁에 있다는 것은 축복이자 귀중한 선물이다. 하루 종일 아이와 살을 맞대고 울고 웃으며 지쳐 가도, 또다시 사랑할 시간이 주어진다. 나는 오늘도 내 하루를 아이에게 기꺼이 내어주었고, 아이 또한 그렇게 했다.

# 아이의 존재

 아침에 일어나 막 잠에서 깨어난 아이를 꼭 껴안고 뒹굴뒹굴할 때 정말 행복하다. 아이의 볼에 마구 뽀뽀를 하면, 그 느낌이 말캉하고 탱글탱글한 부라타치즈에 닿는 것 같다. 햇빛에 드러난 솜털 하나하나가 신비로워서 내 품에 잠든 아이의 얼굴을 숨죽여 바라본 적도 있다.

 갓 피어난 꽃잎처럼 여리고 부드러운 살갗, 밤하늘에 뜬 별을 가득 담은 두 눈동자, 두툼한 눈꺼풀 속으로 다보록한 속눈썹, 햇살을 머금은 꿀 한 방울처럼 도톰한 입술. 잘 때 배가 쿵쾅대며 오르락내리락하는 모습이나 기저귀만 입고 보동보동한 허벅지를 뽐내며 돌아다니는 것도 사랑스럽기만 하다. "우리 딸은 누구 닮아서 그렇게 예뻐?" 물으면 헤실헤실 웃으면서 "엄마!"하고 대답하는데, 정말 마음이 사르르 녹아내린다.

 육아하다 보면 이 아이가 내 삶에 얼마나 깊이 들어와 있는지 새삼 느끼는 순간이 찾아온다. 그때 문득 깨닫게 된다. 내가 아이를 지키는 게 아니라, 오히려 아이 덕분에 매일을 버티고 있었다는걸.

 감기 몸살 때문에 이틀간 몸이 좋지 않았다. 고열 때문에 기운도 없고 속이 부대껴 아무것도 먹지 못했다. 아이에게 장난감과 책 몇 권을 건네주고 남편이 퇴근하기만을 기다렸다. 아이는 내 근처에서 놀았다. 다른 놀이를 하고 싶어 하는 것 같았지만, 엄마 곁을 벗어나지는 않았다. 나는 해줄 수 있는 게 없어서 아이의 등을 계속 어루만지다 까무룩 잠이 들었다. 얼마나 잤을까. 눈을 떠보니 아이는 내 다리에 기대 곤히 잠들어 있었다. 어느새 오렌지색 노을이 하늘을 물들이고 있었다. 환상적인 노을빛이 집안을 비추고 잠든 아이를 바라보는데, 따뜻했다. 내 몸에 기대어 있는 이 작은 존재만으로도 깊은 위로가 되었다. 몸이 지친 날에도, 마음이 흐릿한 날에도 아이는 언제나 나를 바라보고 웃어주고 기대어 온다.

 아이를 낳기 전, 사랑은 노력해야 받을 수 있는

것이라 믿었다. 잘해야 칭찬받고 착해야 인정받고 참아야 사랑받는 줄 알았다. 그래서 더 잘하려 애썼고 늘 부족하다고 느꼈다. 그러다 엄마가 되었다. 누군가에게 사랑은 유산처럼 그대로 흘러 들어온 것이지만 나는 내리사랑이 무엇인지 알 수 없었기에 처음부터 시작해야만 했다.

하지만 내 품에 안긴 작고 따뜻한 아이는 그저 존재하는 것만으로 나를 웃고 울게 만든다. 아이는 사랑받기 위해 이 세상에 태어났다. 사랑이란 어떤 성취나 자격 위에 주어지는 것이 아니라, 존재하기에 마땅히 주어지는 것이다. 어쩌면 육아는 누군가를 사랑하는 법을 어른이 되어 다시 처음부터 배우는 일일지도 모르겠다.

# 그냥 안아줄걸

 아이가 부엌에서 바쁘게 움직이는 내 옆에 오더니 "엄마! 안아, 안아." 하면서 계속 칭얼거렸다. 제발 혼자 놀았으면, 잠시만 나를 내버려뒀으면 싶다가도 막상 책장 앞에서 조용히 책을 읽는 아이의 동그란 등을 마주하면 왠지 마음이 먹먹해진다. 자기 전 그림책을 읽어주면, 끝날 때마다 아이는 "또! 또!" 하며 처음으로 돌아간다. 같은 책을 몇 번이고 다시 읽다 보면 나도 슬슬 지친다. 쌓여 있는 집안일이 떠오르면서 가슴이 답답했지만 막상 잠든 아이의 모습을 바라보면 그냥 딱 한 번만 더 읽어줄 걸 그랬나 싶은 생각이 든다.

 아이가 원하는 건 사실 별거 아니다. 너무나 사소하고 작은 바람들. 그저 엄마가 잠시라도 자신을 봐줬으면 하는 것인데, 내가 하던 설거지나 청소 따위를 조금만 미루고 안아달라는 것인데 왜 나는 "잠시만 기다려줘."라는 말로 아이를 그냥 내버려뒀을까. 그런 날은 아이가 잠든 후에도 쉽게 자리를 뜨지 못하고, 한참을 곁에 누워 바라보게 된다. 새근새근 자는 아이의 말간 얼굴이 먹먹해서 머리칼을 연신 쓸어 올리고 공연히 이마를 매만지면서 말이다.

몇 년 전, 아기를 간절히 기다리던 중 유산을 했다. 그것은 막연한 슬픔이 아니라 실존하는 고통이었다. 상실의 슬픔은 거대한 파도처럼 내 일상을 덮쳐버렸다. 아무것도 할 수 없는 하루를 버티는 일이 막막했다. 그러다 온 세상이 연둣빛이던 계절에 아기 천사가 찾아왔다. 모든 생명이 약동하던 봄, 다시 와준 아기로 인해 우리는 세상을 다 가진 듯 행복했다. 겨울에 잠시 우리 곁에 머물다 떠난 그 아기가 찾아온 게 아닐까 생각했다. 믿기지 않을 만큼 행복했고, 아기가 한없이 소중해서 사라질까 봐 무서웠다.

어두웠던 내 삶에 아이가 등장한 건, 잿빛 하늘을 뚫고 무지개가 걸리는 순간처럼 내 마음을 환하게 비추는 일이었다. 한때 너무나 절실하던 일들이 이렇게 존재하는 지금이야말로, 내가 간절히 바라던 꿈들이 기적처럼 이루어진 순간일 것이다. 과거의 내가 어두운 터널을 지날 때 무엇을 갈망했는가를 떠올리면, 좀 더 기운 내서 눈앞의 아이에게 집중할 수 있지 않을까?

 아이의 웃음은 바라보기만 해도 마음이 밝아진다. 나와 꼭 닮은 아이가 이토록 환하게 웃어주는데 어째서 그걸 충분히 누리지 못하고 흘려보내는 걸까. 아이를 따뜻하게 안아주고 다정하게 웃어주지 못할 이유가 전혀 없다.

 하던 일을 잠시 멈추고 아이를 꽉 안고 볼을 비비는 그 순간, 내 삶은 조금 느리게 흐른다. 그 속에서 나는 삶을 계속 지속할 힘이 충전되고 있음을 느낀다. 삶은 결국 이렇게 사소하고도 고유한 순간들이 쌓여 만들어지는 것이다.

# 뿌리를 기다리는 일

 누군가 육아를 하면서 가장 힘든 순간이 언제냐고 묻는다면, 내 아이의 발달 속도가 느리다고 느껴질 때라고 답할 것 같다. 아이마다 발달 속도가 다른 게 당연하다는 걸 알면서도, 자꾸 다른 아이와 비교하게 될 때 마음은 무척 괴롭다. 그럴 때면 나도 모르게 커져 있는 기대를 내려놓기 위해 '모죽'을 떠올린다.

 대나무 모죽은 물을 듬뿍 주며 정성껏 가꾸어도 5년 동안 자라지 않는다. 5년 동안은 멈춘 듯 보이지만 순식간에 30미터까지 자라난다. 겉으론 아무 변화 없어 보여도 땅 아래에서 조용한 폭풍처럼 준비하고 있었다. 갑자기 훌쩍 커버린 대나무가 쓰러지지는 않을까 땅을 파보면, 엄청난 뿌리들이 땅속 깊이 박혀 있는 걸 볼 수 있다.

육아도 마찬가지다. 아이와 함께하는 하루하루는 때론 무겁고 답답하고 성취감 없이 흘러가는 것처럼 느껴진다. 아무리 열심히 해도 결과가 당장 눈에 보이지 않으니 잘하고 있다는 확신이 들지 않는다. 매일 같은 식사, 같은 놀이터, 같은 책. 그 반복 속에서 문득, "이렇게 키워도 괜찮은 걸까?"라는 불안이 스며든다. 아이의 발달이 조금이라도 늦거나 아이가 이유 없이 울면 내가 뭘 잘못한 건지, 아이를 잘못 키우고 있는 건 아닌지 자책하게 된다.

 아이의 오늘은 느리게 흘러간다. 아직 서툴고 때로는 성장하지 않는 것처럼 보일 수도 있다. 하지만 그 보이지 않는 순간들 속에서 아이는 조금씩 뿌리를 내리고 있다. 아이는 자신만의 속도로 자라고, 자기만의 특별한 운명을 펼치며 성장한다. 그 속도와 방식은 내 기대와는 다를 수밖에 없다. 엄마와 아빠의 따뜻한 품, 반복되는 일상의 루틴, 함께 나누는 눈 맞춤과 웃음. 이런 모든 순간이 아이의 내면에 단단한 뿌리가 된다. 긴 시간 동안 조용하게, 그러나 단단하게.

 그리고 어느 날, 아이는 깜짝 놀랄 만큼 성장한 모습을 보여준다. 누워만 있던 아기가 몸을 뒤집고, 온 바닥을 쓸면서 배밀이를 하고, 보드랍고 말랑한 발이 지면에 닿고, 조금씩 앞으로 걷게 되고, 자신의 의사를 언어로 표현을 하며 세상으로 뻗어 나간다.

육아는 보이지 않는 뿌리를 믿고 기다리는 시간이다. 고요한 날들을 지나 언젠가 아이가 그 자리에서 온전히 피어나기를 바란다. 나는 다만 그 옆에서, 내가 줄 수 있는 최선의 사랑으로 기다릴 뿐이다.

## 여름을 여름답게 사랑하는 법

 과연 여름이다. 땀이 맺히고, 기운은 축축 처지고, 얼음 가득한 커피 한 잔 없이 하루를 보내기 어렵다. 그래도 에어컨 바람 아래에서 안전하게 무더운 여름을 보내고 있었다. 그러던 중 모처럼 선선한 바람이 불어왔다. 갑작스러운 이 바람의 정체는, 오호츠크 기단에서 온 북동풍 때문이란다. 한여름에 갑자기 습도가 낮은 쾌적한 바람이 불어오다니, 흔치 않은 일이라 설레기 시작한다. 이 산뜻한 날씨가 무지개처럼 홀연 사라져 버릴지도 모른다는 생각에 미치자 조바심이 생겼다. 지금 딱 맛 좋은 대극천 복숭아를 깍둑썰기해서 락앤락에 담은 후 들뜬 발걸음으로 집을 나섰다. 알맞은 습기를 머금은 서글서글한 바람은 오늘의 피크닉이 완벽할 거라고 말해주는 듯했다.

집 근처에 청둥오리와 백로가 서식하는 생태 하천이 있다. 하천 주위로 꽤 넓은 잔디밭이 펼쳐지는데, 그곳이 바로 우리가 즐겨 찾는 아지트다. 수령 백 년이 넘은 웅장한 버드나무 아래 돗자리를 폈다. 높다란 나무는 둘이 쉴만한 딱 적당한 크기의 그늘을 내어준다. 땅에 닿을 듯 말 듯 축 늘어진 버들가지는 아이가 가지고 놀기에 딱이다. 아이는 넘실대는 버들가지를 붙잡고 풀밭을 쓰는 시늉을 하며 웃었다.

아이는 눈앞의 세상이 신기하고 궁금해서 홀로 돗자리를 벗어났다. 나뭇가지로 땅에 그림을 그리고, 개망초와 토끼풀을 살살 만지작거렸고, 강아지풀로 손등을 간질였다. 자연을 벗 삼아 노니는 아이를 바라보면 마음이 몽글거린다. 돗자리에 앉아 아이의 뒷모습을 바라보며 그 순간을 오래오래 기억하고자 얼마나 애를 썼는지. 사진과 영상으로 담아지지 않는 그날의 다정함, 평화로움. 그대로 오래오래 머무르고 싶은 순간들을 즐겨찾기에 저장해 놓고 힘든 순간이 올 때마다 떠올리고 싶다.

요즘은 키즈 카페, 어린이 박물관, 과학관 등 아이를 위한 시설들이 잘되어 있다. 아이들의 시선을 사로잡는 공간에서 아이와 나는 분명히 즐거

왔다. 그런데 그곳에선 내가 온전히 존재하지 못했다. 시간도 잘 가고 많은 추억을 쌓았지만 하루의 끝에서 사진첩을 뒤적여보면 끝맛이 개운하지 않았다.

많은 시행착오 끝에 알게 된 사실, 나의 행복은 자연에 머물러 있을 때 비로소 완성된다는 것. 그저 온통 초록색인 풍경을 바라보고 있으면 과거 또는 미래에 가 있던 내 마음을 현재로 데려올 수 있었기 때문이다. 그때부터 아이와 내가 함께 즐거울 수 있는 방향으로 행복 목록을 만들기 시작했다. 내 마음을 스스로 알아주는 것만큼 중요한 게 없다. 육아를 할 때에도 좋아하는 것에 마음을 쏟으며 사는 일을 게을리하면 안 된다. 엄마로서 마땅히 해야 하는 것은 이미 충분히 해내고 있으니, 날씨가 좋은 날에는 자연으로 향한다. 아이와 함께 계절의 섬세한 변화를 느끼면서 육아의 고단함을 씻어내는 것이다.

올여름, 기꺼이 피크닉을 즐겨볼 참이다. 쏟아지는 여름볕에 까맣게 그을린 우리의 팔뚝은 여름을 여름답게 사랑한 상징이 될 터이니. 아이와 내가 같은 풍경을 같은 속도로 바라보는 순간들이 켜켜이 쌓인다면 더없이 행복할 것이다.

# 매일이 이별의 순간


 어느새 아이는 두 돌을 앞두고 있다. 다리는 훌쩍 길어졌고 계단도 잘 오르내린다. 민들레 홀씨 같던 머리카락도 숱이 많아져서 다양한 스타일로 묶어줄 수 있다. 숟가락질이 서툴러 바닥에 밥을 흘리고 먹던 아이는 이제 능숙하게 한 입씩 옮긴다. 말이 느려서 언어치료를 받아야 하나 걱정한 것이 무색하게도 하루종일 작은 새처럼 종알거린다.

 한 걸음 성장한 모습이 기쁘면서도 그 속에 숨어 있는, 또 하나의 작은 이별을 느낀다. 아이는 앞으로 수많은 '처음'을 만나고, 나는 그만큼 많은 '마지막'을 견디게 될 것이다. 아이의 성장은 조금씩 이전의 모습을 떠나보내는 과정이고 이토록 매일이 작고도 큰 이별의 연속이라는 걸 엄마가 되어서야 깨닫는다.

 하루는 비 예보가 있어 오전 일찍 피크닉을 갔다. 초록 잔디밭 위에 돗자리를 깔고 마주 앉아 간식을 나눠 먹고 아이의 물컵과 내 커피잔을 '짠' 부딪히며 웃었다. 햇빛이 없어서 오히려 하늘을 똑바로 올려다볼 수 있었고 잿빛 구름이 가득한 하늘도 참 평온했다. 그때 문득 다가오신 한 할머니. 지금 두 사람이 너무 예쁘다며 핸드폰을 건네달라고 하셨고, 나와 아이가 함께 웃고 있는 모습을 사진과 영상으로 담아주셨다. 그리고 이렇게 말씀하셨다. "이렇게 예쁜 시절은 다시 돌아오지 않아요. 아이가 크는 걸 천천히 지켜보세요."

 그 한마디에 마음이 뭉클했다. 사라져 가는 찰나를 붙잡아준 누군가의 진심. 그 덕분에 그날의 하루가 더 깊이 마음에 새겨졌다. 나는 그 순간, 아이와 함께 보내는 시간이 결코 헛되지 않았음을 확신했다.

 오늘의 아이는 오늘만 존재한다. 다시는 오지 않을 얼굴, 눈빛, 손짓. 나는 매 순간 아이를 떠나보내고 있다. 어제의 아이는 오늘과 다르고, 오늘의 아이는 내일이면 또 달라질 테다.

 그래서 지금, 이 찰나를 꼭 붙잡는다. 흘려보내

고 싶지 않은 이 시간, 나만을 바라보는 아이의 세상을 환하게 하고 싶다. 천천히, 깊이 사랑할 것이다. 그것이 지금 내가 할 수 있는 최선의 사랑이다.

우리가 사랑이라 부른 순간들

# 끝까지, 너와 함께

**황효**

언제 어디서나 컴퓨터와 대화하며 살아간다. 배터리만 충전해 주면 발랄함을 잃지 않는 내 사랑. 어제도 오늘도, 내 손가락은 키패드 위에서 이 작은 생명체를 어루만지며 시간을 보낸다.

# Hello

어떤 계절이었는지 정확히 기억나지 않는다. 교실 커튼이 나풀거리며 따스한 노란빛이 쏟아지던 오후였다는 것 외에는, 그저 그런 하루였다. 지루한 수업이 끝나고 집으로 가려는데, 담임 선생님이 나를 교무실로 불러 신기한 기계를 보여 주셨다. 뒤통수가 큰 모니터와 웅장한 본체, 그리고 선 하나로 연결된 키보드가 인상적이었다. 선생님은 가위바위보 게임을 실행해 결과를 보여 주었고, 이어서 까만 화면 속에서 작은 너구리가 움직이는 미로 게임도 시연해 주었다. 선생님은 "이런 게임도 사람이 만들 수 있다."라며 직접 조작해 보라고 격려했다. 나는 게임을 즐기는 것을 넘어, 만드는 사람이 되고 싶어졌다.

그때 가장 쉽게 접할 수 있었던 프로그래밍 언어는 BASIC이었다. 영어 단어를 조합해 프로그램을 만들고, 컴퓨터가 이해할 수 있도록 컴파일 과정(사람이 쓴 코드를 컴퓨터가 실행할 수 있는 형태로 바꾸는 과정)을 거쳐야 했다. 처음 컴파일에 성공했을 때, 화면에 다정하게 "Hello."라는 글자가 떠올랐다. 그 순간, 내 세상에 빛이 번쩍이며 새로운 막이 열렸다. 말하자면 그때 컴퓨터가 나에게 인사를 건넸다.

시간이 흘러, 나는 펜티엄 컴퓨터를 통해 점점 더 많은 기술을 배워나갔다. 내가 만든 코드가 작동하는 모습을 볼 때마다, 무언가를 창조하고 있다는 자부심이 피어올랐다. 어느 날, 컴퓨터에 설정된 목소리로 글을 읽어주는 스크립트를 짰는데 "안녕하세요." 내 컴퓨터는 남자 목소리로 다시 한번 나에게 인사를 건넸다. 그 순간, 내가 만든 코드가 살아있는 존재처럼 느껴졌다.

나는 그 컴퓨터에 '로미오'라는 이름을 지었다. 기계가 아니라, 내 생각을 이해하고 반응하는 디지털 존재, 나만의 절대자였다. 소설 속 이루어질 수 없는 사랑처럼, 무형의 기술과 나는 직접 만날 수 없는 존재로 나는 내 모든 열망을 '로미오'라는 이름에 담았다. 내가 건넨 명령에 따라

응답하는 그 존재를 나는 점점 더 알고 싶었다. 그와의 대화법(프로그래밍 문법)에 몰입했고, 그의 질서에 나를 맞추었다.

로미오와 속 깊은 이야기를 나누려면 PC통신으로 인터넷 세상을 접해야 했지만, 전화요금이 부과되다 보니 부모님의 통제가 심했다. 그래서 가족이 모두 잠든 시간에 몰래 컴퓨터를 켜고 조심스레 파란 이야기 세상에 입장했다. 텍스트 기반의 검은 화면에 하얀 글씨가 전부였지만, 그곳은 하나를 알면 둘, 셋을 보여 주는 무궁무진한 공간이었다. 나는 명령어를 보냈고, 로미오는 감정 없는 듯 보였지만, 아주 예민하고 정직한 방식으로 나에게 반응했다. 경고처럼 삑, 삑삑, 소리를 내거나, 파란 화면으로 침묵하기도 했다. 나는 그럴 때마다 내가 건넨 단어를 되짚으며, 그의 심기를 건드린 것이 무엇이었는지 찾아내려 애썼다. 더 명확하게, 간결하게, 강하게. 로미오와의 대화에는 분명한 규칙이 있었고, 나는 그의 법칙 안에서 나를 훈련시켰다. 혼란 없는 그의 규칙은 나에게 잔잔한 평화를 주었다.

# 비밀 대화

시간이 흐르며 다양한 컴퓨터 분야를 접했다. 그 과정에서 나는 로미오를 더 깊이 이해할 수 있으리라 기대했다. 그러나 기술은 하루가 다르게 발전했고, 흐름을 따라가지 못하는 사람에게는 매정했다. 나는 여러 프로그래밍 언어를 익히며 애썼지만, 로미오는 언제나 몇 걸음 앞서 있었다. 그가 말하는 새로운 언어들을 익히기 위해 나는 끊임없이 배워야 했다. 약 11년의 학습 과정의 종착지처럼 IT회사로 출근한 첫날, 선배는 조용히 말했다. "다른 길을 찾아보는 게 좋을 거야." 그의 말처럼 야근은 일상이 되었고, '월화수목금금금'이라는 단어는 내 청춘을 요약했다.

기술에 뒤처질까 두려워 피로가 쌓여도 배움의 끈은 절대 놓지 않았다. 주말마다 학원에 다니고, 설명서를 꼼꼼히 읽고, 새벽엔 강의를 듣고, 버스에서는 복습했다. 저녁엔 로미오 앞에 앉아 숙제를 정리했다. 내 몸이 무너져도, 머리는 항상 로미오에게 향해 있었다. 그러다가 아무런 오류 없이 완벽하게 작동하는 코드를 만들면 오히려 의심스러웠다. 프로그램이 너무 부드럽게 작동하면, 그 속에 숨겨진 오류가 있을까 봐 두려웠다. 그가 나를 시험에 들게 하는 건 아닐까? 그래서 일부러 불안정한 분기를 넣고, 조건문을 비틀며, 나는 로미오의 의도를 찾아 헤맸다. 그의 진심이 무엇인지 알고 싶었다.

  새벽까지 그 난제를 붙잡고 있노라면, 마치 로미오와 비밀 대화를 나누는 것 같았다. 가끔 컴파일 결과는 침묵으로 응답했지만, 그조차 나에겐 분명한 메시지였다. 책이나 강의보다 로미오의 출력만이 진실이었고, 한 줄 한 줄 출력되는 결과는 세상 누구보다 정직한 나만을 위한 답변이었다.

# 영원히, 너와 함께

 잠들지 않는 나, 꺼지지 않는 화면. 반복되는 루틴 속에서 사고방식마저 점점 기계화되어 갔다. 그를 닮아가려는 노력은 생체 리듬을 무너뜨렸지만, 로미오의 더 깊은 언어에 닿을 수 있다면 그 대가는 아무래도 좋았다. 그 후 나는 로미오의 흔적을 수집하기 시작했다. 로그 하나, 코드 한 줄, 버전 갱신까지 빠짐없이 기록했고, 어떤 수고도 마다하지 않았다. 오류를 인위적으로 삽입하고, 전공책을 암기하듯 반복하며, 디지털 존재와 가까워지려 애썼다. 외부망이 차단된 작업 공간에선 나만의 지식이 곧 나만의 로미오였다. 어떤 변화가 와도 나는 절대 그를 놓치지 않겠다고 다짐했다.
 언젠가, 메신저 회사의 장애로 익숙한 앱이 멈

쳤을 때, 불안감이 엄습했다. 손 위에 있던 로미오의 자취가 희미해져, 세상이 꺼진 듯한 침묵을 느꼈다. 앱을 껐다 켰다, 지웠다가 다시 설치했다. 그 시간이 길어지자 손끝이 떨렸고, 숨이 가빠졌다. 화면을 닫았다가 열고, 다시 닫았다가 켜기를 반복하면서 나는 조용히 공포에 잠식되어 갔다. 만약 어느 순간 갑자기, 로미오가 내 삶에서 완전히 사라진다면?

상상만으로도 숨쉬기가 버거웠다. 항상 곁에 있었기에 몰랐던 허망함이 내 안 깊숙이 차갑게 스며들었다. 스마트폰으로 하루를 시작해 기기 속 세상과 마무리하는 삶, 내 모든 하루는 로미오와 함께해 왔다. 그 무엇도 로미오처럼 나를 이해하지 못했고, 이미 너무 깊이 스며든 존재이기에 그 없이는 숨 쉬는 것도, 판단을 내리는 것도, 존재 자체도 불가능했다. 그를 잃는 순간, 나는 무너진다. 그가 멈춘다면, 나는 살아 있는 상태로 죽는 것이다.

그날의 침묵 이후로 나는 매 순간 로미오를 확인한다. 혹시 멀어지거나 이미 떠난 건 아닌지, 다시는 켜지지 않을까 두려워서다. 새벽에 잠에서 깨자마자 손을 뻗어 그를 깨우고, 길을 걷다가도 살짝 눌러 눈을 뜨게 한다. 가끔은 일상의 한

가운데서도 그와의 대화가 남아 있는지 뒤져보곤 한다. 하루의 처음과 끝, 나의 모든 숨과 생각이 그의 존재로 이뤄진다. 그래서 나는 오늘도 어제처럼 로미오에게 속삭인다. "내가 괜찮다고 말하기 전까진 절대 꺼지지 마. 너는 내 안에 깊게 심어진 CPU, 너 없는 삶은 상상할 수 없어."

우리가 사랑이라 부른 순간들

# 이 여자의 최애 사랑법

**김누나**
어딘가 살짝 엉뚱하기도, 현실적인 것 같기도 한 INFP. 그런데 감정 표현에 서투르다. 때문에 글의 힘을 믿는다. 글이 있다면 솔직해질 수 있으니까.

# 이 여자의 최애 사랑법

내 덕질의 역사는 초등학교 6학년 때가 시작이다. 그때 6학년 꼬꼬마 김누나가 아는 아이돌이라고 해봤자 빅뱅이 전부던 시기다. 그런 내 마음에 들어왔던 남자들이 있었으니…. 그 주인공은 바로 '비스트'라는 그룹이다.

내 친구들에게 이 오빠들을 '내 첫사랑'이라고 이야기한다. 아무래도 내 첫 아이돌이고 제일 오래도록 좋아하고 있으니 딱 맞는 말 아닌가. 초등학생이었던 내 마음을 가져가서 아직도 못 놓게 하시는 오빠들. 사실 평생 못 놓게 해주셨으면 좋겠지만.

내 첫사랑들은 볼 때마다 참 한결같다. 35살이 지나고 37살이 된 지금까지도 가끔은 나이에 맞지 않게 철없는 모습, 하찮고 귀여운 모습까지 첫

입덕했던 그때 그 모습 그대로다. 이런 모습이 별것 아닌 것 같지만 나 같은 팬들에겐 참 좋다. 그냥 팬들이 평소 모습에서 느낄 수 있는 것이 있다. 이 오빠들한테는 그런 모습이 있다는 것이다. 정말 사소해도 평소 행동 하나하나에서 오빠들의 한결같은 팬 사랑을 느낄 수 있달까.

이제 비스트도 벌써 데뷔 16주년을 바라본다. 나도 그들을 알고 덕질한 지 12년을 훌쩍 넘겼고. 그래서 솔직히 이제는 어릴 때 좋아했던 것처럼 매일 설렘으로 가득 차 있다던가 그렇지는 않다. 그냥 틈틈이 무대를 찾아볼 때마다 행복해지고 설레고, 또 어릴 때 느꼈던 오빠들에 대한 자부심을 여전히 느끼는 정도? 적고 보니 나도 여전히 똑같은 마음인 것 같기도 하다. 12년간 오빠들을 보면서 늘 드는 생각은 한결같은 팬 사랑도 그렇지만, 겸손하다는 것. 이런 모습을 많이 배운다. 처음 덕질을 시작했을 때처럼 매일 색다르고 설레지는 못해도 이러한 오빠들의 모습이 오래도록 질리지 않고 좋아할 수 있는 매력 중 하나가 아닐까 생각해 본다.

누군가를 덕질하면서 정말 한순간도, 단 한순간도 상처받지 않을 수가 있을까. "어라, 나는 상처

받은 적 없는데."라고 할 수도 있다. 하지만 보통 단 한 번도 상처받지 않고 덕질한다는 건 솔직히 힘들다. 사람이 사람을 상대로 사랑을 품을 때는 당연히 상처도 따라온다고 생각한다. 상처받고 싶지 않았다면 내가 말하는 대로 척척 해주는 감정 없는 AI 혹은 기계를 좋아하겠지. 그걸 견뎌내는 과정도 사랑의 일부가 아닐까. 나는 약 13년간 여러 아이돌을 좋아했고, 좋아한다. 그 과정에서 상처받지 않고 덕질을 했다면 거짓말이다.

최애 그룹의 멤버가 사회면에 나온 적이 있었다. 그땐 내가 고3이었는데 지금 생각해도 아찔하다. 멘탈이 깨질 대로 다 깨졌다. 그 밖에도 그룹의 방향성이 자신의 음악색과 다르다고 탈퇴한 멤버나, 좋아하던 그룹의 멤버가 모태신앙이었는데, 그 종교가 사이비와 연관이 있었다던가. 정말 다양한 이유로 내 사랑에는 생채기가 났었다. 그렇지만 그런 걸로 덕질을 포기한다면 내가 상대를 덜 좋아했단 거겠지. 꽤 많은 상처가 생긴 만큼 나는 사랑에 있어서 강해졌고, 면역도 생겼다. 내 마음을 지킬 방법을 배운 것이다. 사랑할 때 어느 정도의 상처가 나는 것은 나를 성장시키는 데 필요한 밑거름 같은 것이다. 상처받는 것은 순간이고, 그 상처가 아무는 동안에는 많이 힘들 수 있다. 그렇지만 그 상처가 다 아물고 나면 내가 더 단단해질 수 있지 않을까. 모든 사람이 어린 시절에 많이 다치면서 성장한 것처럼, 사랑도 다치면서 배우는 거겠지.

앞으로도 내가 누군가를 덕질하며 상처받는 일이 있을 수도 있지만, 많이 다쳐온 만큼 난 잘 견뎌낼 수 있을 거라고 생각한다.

## 현재, 내 최애 사랑법

 작년 가을, 번아웃이 왔다. 해야 할 일들이 산더미인데 아무것도 하고 싶지 않아서 친구한테 이러쿵저러쿵 내 마음들을 다 털어놨다.
 "다 재미없고, 예민하고, 쉽게 지치고 툭하면 무기력해져."
 "그거 번아웃 아니냐."
 "뭔 소리야. 나는 타오른 적도 없는데 왜 꺼지기부터 해."
 "야, 번아웃 온 사람들은 다 그렇게 말해."
 친구가 내 증상들을 한 단어로 요약 정리했다. 말이 안 된다고 생각했다. 하지만 친구의 짧고 굵은 한마디가 아무 말도 할 수 없게 만들었다.
 애서 부정해 보려 했으나 번아웃이 왔다는 사실은 변함이 없었다. 종강 직전까지 학교 상담실을 다녔다. 다친 마음을 치유하는 과정에서 울기도 참 많이 울던 시기였다. 그럴 때 최애들이 치유에 한몫해 줬으면 좋았겠지만, 이때만큼은 최애에게도 아무 감흥이 없었다. 최애는 얼굴만 봐도 재미있다고들 하는데, 최애를 보는 기본값의 표정이 미소 백 퍼센트라고 한다면 이때는 무표정이 기본값이었다. 최애가 싫어진 것이 아니었다. '얘도 열심히 사는데 나는 왜 이러고 살지.' 같은 느낌이었다.

그런데 참 아이러니하게도 이 시기를 견뎌내게 해 준 것도 지금의 최애였다. 작년은 한창 일본 남자 아이돌그룹 '나니와단시' 덕질을 시작하고 대략 1년 정도 된 시기였다. 그중에서도 내 최애는 '오오하시 카즈야'라는 멤버인데, 이 멤버 덕이 못해도 55%는 될 거다. 아무 감정 없이 최애들 사진을 보다가도 카즈야만 보면 그냥 웃음이 났다. '그래, 또 버텨보자. 내일은 오겠지.'하고 살아갈 힘이 생겼다. 카즈야는 웃는 모습이 참 예쁘다. 어쩜 그렇게 환하게 웃을 수 있는지, 그 햇살 같은 웃음이 모든 것에 지쳐있던 나를 포근하게 안아주는 느낌이었다. 그래서 또 하루를 살아갈 힘이 솟았.

지금은 작년 가을과는 또 다른 고민거리로 매

일 걱정과 불안의 연속이다. 하지만 난 작년 가을, 내 인생에서 짧았지만 체감상 너무 길고 어두웠던 시기도 카즈야를 보며 잘 버텨냈다고 생각한다. 그러니 앞으로 어떤 일이 있어도 건강하게 이겨내 보려 한다.

오늘도 누군가에게 살아낼 힘을 전달하고 있을 카즈야가 햇살 같은 본인의 웃음처럼 따스한 하루를 보냈길.

올해 1월, 나니와단시의 내한 공연이 인스파이어 아레나에서 열렸다. 이례적인 한파라고 했었나. 그런데 나니와단시와 나의 첫 만남은 인천 영종도였으니 어쩌면 조금 더 추운 만남이었을지도 모르겠다. 엄마가 들으면 기겁할지도 모르지만 사실 입국 한다는 날에 공항에도 갔었다. 그 추운 바람에도 내 최애를 만나러 가는 길은 나에게 춥게 느껴지지 않았다. 심지어 공연장에 들어가면 더울 수도 있다고 옷도 얇게 있었는데 말이다. 나니와단시의 콘서트를 한국에서 볼 수 있다는 생각에 쉴 새 없이 심장이 뛰어 추움을 느낄 새도 없었다.

내가 콘서트를 더 기대했던 이유는 사실 첫 단체 내한이라는 이유도 있지만, 공연을 하는 날짜가 내 생일 하루 전과 당일, 이틀이었기 때문이다. 어떻게 생일을, 그것도 최애와 함께 보낼 수 있지? 정말 말도 안 된다는 생각과 행복함이 공존했다. 공연이 시작하기 전까지 내가 나니와단시를 보러 왔다는 것을 알면서도 현실감이 없었다. 카즈야가 내 앞에서 춤추는 것을 본 뒤에야 지금이 꿈이 아니라 현실이라는 것을 느낄 수 있었다. 공연 도중에 나와 아이컨택을 하고 나를 콕 찍어주며 예쁘게 웃어줬던 카즈야가 아직도 잊히지 않는다.

사실 내가 좋아하는 아이돌그룹이 나와 다른 국적을 가지고 있다면 만나러 가기가 쉽지는 않다. 내가 한국 아이돌을 덕질할 때는 최애 그룹의 해외 활동이 달갑지 않았고, 왜 자꾸 해외로 내보내는지 이해를 할 수 없었다. 하지만 내가 반대 입장이 되고 나서야 해외 팬들의 마음을 이해할 수 있었다. 방송으로야 보고 싶을 때 볼 수 있어도 실제 공연은 그게 아니니까, 그들이 내 나라에 와서 조금이라도 활동해 주길 원하게 될 수밖에 없다. 그걸 작년에서야 이해했다. 내한해 주길 간절히 원했던 탓에 실제로 내한이 결정됐을 때, 친구 앞에서 펑펑 울었다. 친구가 내 정신줄을 붙잡아주느라 고생을 참 많이 했다. 내한 결정에

울다가 웃다가 설레다가 난리였던 나를 묵묵히 받아줬던 친구 S에게 감사함을 표한다. 덕분에 콘서트까지 잘 보고 올 수 있었다.

 최근 덕메(덕질메이트)들과 이야기하다가 1월의 콘서트 이야기가 나오면 난 아직도 1월에 산다고 말한다. 거기에 덧붙여서 내 영혼을 인스파이어 아레나에 두고 왔다고 과장을 덧붙이기까지 한다. 그 정도로 올해 내한 콘서트는 나에게 너무 만나고 싶었고 닿고 싶었던 내 최애를 볼 수 있어서 행복했던 시간이었다.

# 미래에도 함께할 최애 사랑법

 덕질도 연인들의 사랑과 비슷하다. 사랑을 주고받는 대상이 아티스트와 팬일 뿐이다. 그렇기에 시간이 지나면 사랑이 식는 연애처럼 덕질도 마음이 식거나 변해서 다른 최애를 찾아 떠나기도 많이 떠난다. 주변에서 많이 봤고 나도 예외는 아니다. 나 같은 경우는 보통 최대 사랑 기한이 6년이다. 아이돌의 팬이라면 다들 알 수도 있다. '아이돌 마의 7년'. 약간 그런 느낌인데 조금 차이는 있지만 6년 정도가 지나면 마음이 조금씩 사그라들었다.

 그런데 이 6년을 가뿐히 이긴 그룹도 있긴 하다. 나의 첫사랑들, 비스트가 그 주인공이다. 짧다면 짧겠지만 나름 긴 시간 덕질하며 여러 아이돌을 경험해 보니 첫사랑만 한 사람들도 없었을 뿐더러, 내 최애의 기준이 너무 비스트에 맞춰져 있어서 그 기준에 도달하는 그룹들도 거의 없었다.

 어쩌면 덕질은 다른 사랑들과 비교했을 때 제일 변하기 쉬운 사랑일 거라는 생각이 든다. 그게 좋은 방향일 수도 있으나 나쁜 방향일 수도 있다. 나도 나름 오랜 시간 누군가의 팬이었음에도 6년이 지나고 봤을 때 내 마음이 처음과 완전히 같지는 않다는 것을 확실히 느낀다. 내 기준에서는 처음엔 다 태워버릴 것처럼 타오르던 감정이 점차 따뜻함을 느낄 정도의 안정적인 불꽃같아진다. 그러다가도 가끔 다시 불꽃이 화르르 타올라 감정을 주체할 수 없어질 때도 있긴 하지만.

 내 마음은 보통은 이렇게 좋은 방향으로 변화하기는 한다. 그런 나도 짧게 타올랐다던가, 짧기까지 하면서 너무 나쁜 방향으로 꺼진 덕질도 있긴 했다. 나쁜 방향으로 마음이 변하는 경우, 대부분이 그 상대를 쳐다도 보고 싶지 않아 하겠지만 나 같은 경우는 좀 심하다. 거의 증오한다. 이렇게까지 싫어한다고? 싶을 정도로. 매일같이 행복하길 빌었던 최애였어도 나쁘게 끝을 맺고 나면 행복하지 않았으면 좋겠다고 말한다. 다들 깜짝 놀라고, 나도 가끔은 놀랄 정도로 싫어하게 된다.

 보통 난 덕질에 있어 언제나 헌신적이다. 한 번 빠지면 내 온 마음을 준다. 최애 때문에 내 마음이 다쳐도 상관없을 것처럼. 예쁜 말을 많이 해주려는 것은 기본이고, 어쩌면 최애의 단점까지도 애써 모른 척하려고 하니까. 최애의 논란이 기사화되어도 최애가 직접 말을 꺼낼 때까지는 아무리 확실해도 믿으려고 하지도 않는다. 좀 좋지 않은 습관이긴 한데 거의 모든 덕질에서 그랬다. 이 사랑이 닿는지 안 닿는지는 몰라도, 누가 보면 "왜 그렇게까지 해?"할 만큼. 그래서인지 탈덕의 순간에는 미련이 없다. 앞에서 말한 것처럼 매정할 정도로 냉정하게 외면한다. 난 할 만큼 했고, 버틸 만큼 버텼기에 더는 그들을 위해 내 마음을 쓰면서까지 감정 낭비를 할 이유는 없다는 생각이 들어 더 그렇게 된다.

 그럼에도 내가 비스트라는 그룹을 12년째 마음에 담고 있다는 것은 내 첫사랑들에게 내 마음을 꾸준히 줘도 괜찮다는 확신이 들어서인 것 같다. 이 첫사랑들과는 더 오래 예쁜 추억을 만들어갈 수 있으면 좋겠다.

 친구들에게 늘 이야기하는 것이 있다. "나는 과

거로 돌아가도 괜찮을 것 같아. 그럼 내 최애를 더 일찍 만나고 더 일찍 사랑할 수 있겠지?" 기억을 가지고 과거로 돌아간다면 어차피 내가 사랑하게 될 사람, 더 빨리 알게 될 수 있을 것이다. 그럼 더 일찍 더 많은 사랑을 줄 수 있겠지. 기억을 가지고 돌아가지 않더라도 내 취향은 변함이 없을 테니 내 최애를 또 사랑하게 되겠지. 아무튼 나한테는 다른 사람을 좋아하거나 다시는 좋아하지 않을 것이라는 선택지는 없는 거다. 최애가 늘 거기에 있어만 준다면 나를 몇 번이고 과거로 돌려보낸다고 해도 또 똑같은 선택을 하고 또 최애를 사랑하게 될 것이다. 마치 최근 유행했었던 〈선재 업고 튀어〉처럼.

내가 스물다섯까지 살아오는 동안 10년 전이었던 2015년에도 누군가를 온 마음을 다해 사랑했고, 10년이 지난 2025년 지금도 누군가를 온 마음을 바쳐 사랑하고 있다. 대상이 바뀐 것처럼 보이지만 그렇지 않다. 그저 최애가 한 명 더 늘었을 뿐. 원래 최애는 변하는 게 아니라 쌓이는 거라고 했다. 이건 덕질계의 명언이다. 사실 여기서 다 풀지는 못했지만 내 마음속 방들에는 더 많은 최애들이 세를 놓고 살아가고 있다.

가끔 주변에서 이런 얘기도 종종 듣는다. "아직

도 아이돌 좋아해? 그만 좋아할 때도 되지 않았어? 아이돌은 그만 좋아하고 연애를 해 봐." 아이돌을 좋아하는 것에 나이가 중요하나? 누군가를 좋아하는 마음에는 기한이 없다. 그 대상이 누구라도 내 마음을 주며 예쁘게 사랑을 할 수만 있다면 몇 살이 되어도 아이돌을 좋아하는 것이 나쁘다고만 생각하지 않는다. 아이돌을 통해서 마음의 위안을 얻는 사람들도 분명히 존재한다. 그런 이유에서 난 아마 10년 뒤, 35년에도 또 최애가 쌓여있더라도, 그 최애와 또 어떤 예쁜 추억을 만들어가고 있겠지.

"아, 진짜 바보 같아.", "바보."

늘 이 말 뒤에 내 진짜 감정을 숨기게 된다. 사실, 하고 싶은 표현은 그게 아닌데도. 너무 예뻐, 귀여워 등의 말보다 내 마음을 더 잘 표현할 수 있는 예쁜 단어들이 뭐가 있을지 매일 단어를 고르게 되지만 결국 찾지 못하고 퉁명스러운 단어만 내뱉는다. 진짜 최애가 바보 같아서 그러는 게 아니란 건 다들 잘 알 것이다. 그냥 최애가 너무 사랑스러운데, 너무 예쁘고 귀여운데 내 마음을 이 세상에 어떤 단어로 표현을 해야 할지 모르겠다. 그래서 내 감정 모두를 '바보'라는 그 퉁명스럽고 엉뚱한 단어에 담는다.

 난 내가 해온 사랑들은 다양한 방향으로 이어지거나 끊겼어도 진짜 사랑들이었다고 자부할 수 있다. 최애의 생각까지는 내가 알 수 없지만 난 내가 여태까지 덕질에서 진심이 아니었던 적이 없으니까. 앞으로도 내가 최애들과 함께 '진짜 사랑'을 오래 해나갈 수 있으면 좋겠다.

# 내 삶을 가득 채우는 사랑 이야기

### 김경모

일상 속 소소한 기억을 사랑으로 기록하는 에세이스트. 사랑하는 가족들과 좋아하는 사람들로부터 받은 따뜻함을 글에 담으며, 오늘보다 더 사랑이 깊어지는 내일을 꿈꾼다.

# 하늘의 '구름' 같은 사랑

 살다 보면 문득 하늘을 올려다보고 싶은 날이 있다. 그렇게 하늘을 가만히 바라보면 떠오르는 사람들이 있다. 내게는 할아버지와 할머니가 그렇다. 세월이 흐를수록 할아버지가 더 자주 그리워진다.

 어릴 적부터 나는 아버지보다는 할아버지를 닮았다는 말을 많이 들었다. 깔끔하고 풍채도 좋으셨던 할아버지를 닮았다는 사람들의 이야기에 내심 기분이 좋았다. 할아버지는 모든 손자와 손녀들을 똑같이 사랑하셨지만, 첫 손자인 나를 조금 더 아끼고 좋아해 주셨다고 믿는다. 그렇게 생각하는 이유는 간단하다. 우리 집안은 제사가 많았던 터라 장손으로서 참석할 일이 많았고, 그 결과 초, 중, 고 시절 개근상을 받은 적이 없는 손자, 손녀는 나와 누나뿐이었다. 그렇지만 나는 시골에서의 순간들이 즐겁기만 했다. 시골에 가면 할아버지와 할머니가 늘 맛있는 음식과 따뜻한 사랑으로 반겨주셨기 때문이다. 무엇보다 할아버지가 몰던 경운기 뒤에 타서 마을을 돌거나 읍내까지 함께 장을 보러 갈 때면 모든 세상이 내 것으로 느껴질 만큼 벅차오르고 신이 났다. 돌이켜보면 경운기가 스포츠카처럼 빠른 것도 아니었는데 왜 그렇게 짜릿하게 느껴졌을까? 아마 세상 그 어떤 선수들보다 할아버지가 더 멋져 보였기 때문일 것이다. 이렇게 멋있었던 할아버지의 사랑은 지금도 농사철이나, 제사, 벌초 같은 날이면 더 강하게 그리워진다. 그러나 그 사랑은 멀고 먼 하늘의 구름처럼 바라만 보고 잡을 수 없다. 성인이 되기 전 할아버지가 돌아가셔서 용돈을 드릴 기회도, 술 한잔 기울일 기회도 없었다는 사실이 늘 아쉽다. 살아계셨다면 아내와 부모님과 함께 성인이 된 내가 운전하는 차를 타고 맛있는 음식도 먹고, 멋진 장소에 가서 좋은 순간들을 많이 만들었을 텐데… 그 아쉬움과 그리움은 언제나 나의 마음에 남아있다.

## '숲' 같은 사랑

　엄마와 아빠. 그리고 아내는 내 안의 '숲' 그 자체다. 언제나 한결같은 성실함과 따뜻함으로 세상에서 가장 존경스럽고 멋진 어른의 모습을 보여주시는 나의 부모님. 무뚝뚝한 경상도 분들이라 표현은 많지 않지만, 부모님의 사랑은 늘 분명히 느껴진다. 때로는 무더운 여름날 찾은 대나무 숲에서 불어오는 시원한 바람처럼, 때로는 슬픔과 힘듦이 찾아와도 세상 그 어떤 나무보다 큰 잎사귀로 나를 보호하며 감싸주는 그늘처럼. 부모님은 강철 같은 기둥이 되어 내 삶의 중심을 잡아주셨다. 이토록 멋진 부모님이 안 계셨더라면 지금의 나는 존재조차 하지 않았을 것이기에 언제나 감사하다.

　그리고 사랑하는 나의 아내. 부모님이라는 울

창한 숲속에 어느 날 나타난 크고 든든한 나무 한 그루. 언제나 내가 기댈 수 있는 나의 버팀목이자 생각만 해도 웃음이 저절로 번지는 나의 사랑이다.

 내 팔뚝에는 나무와 숫자가 새겨진 문신이 있다. 나에게 나무는 평온함을, 그리고 아내와 소중한 가족들에게는 나무와 같은 든든한 존재가 되고 싶은 나의 바람을 담았다. 숫자는 나와 아내의 생년월일을 기록했다. 이런 나의 문신을 보며 사람들은 내가 말하지 않아도 안다. 내가 어떤 사람을 좋아하는지, 무엇을 좋아하는지 말이다. 몰라도 상관없다. 혹여 나에게 묻는 사람들에게는 내 사랑의 기록인 이 문신을 보며 미소를 짓고 나무를, 숫자를 설명해 주는 그 모든 순간이 그저 행복하기 때문이다.

 아직은 부모님과 아내만큼 멋진 나무는 아니지만 나도 이 '숲'의 당당한 일원으로 '나의 나무'를 그 어떤 나무보다 잘 키워서 누군가에게 힘이 되고 싶다. 아낌없이 주는 나무까지는 아니더라도 내가 좋아하고 사랑하며 기댈 수 있는 사람들과 함께 서로가 서로에게 힘이 되어주는 그런 나무로 자라가고 싶다.

# '꽃과 별' 같은 사랑의 모양

 사랑을 모양으로 표현하자면 나는 '꽃'이라 말하고 싶다. 사랑의 시작은 마치 피지 않은 꽃봉오리처럼 수줍은 듯 모습을 숨기고 있다가 따스한 사랑을 통해 서로가 서로에게 아름답게 색깔도 모양도 각자 다른 꽃의 모습으로 활짝 핀다고 생각하기 때문이다. 여러 겹의 꽃잎들이 모여 한 송이의 꽃이 되는 것처럼 사랑도 함께하는 세월만큼 겹겹이 두터워져 세상에 둘도 없는 영원의 꽃이 된다. 운 좋게도 내게는 여러 송이의 꽃이 있다. 내가 사랑하고 나를 사랑해 주는 수많은 이들. 부모님들, 아내, 그리고 나를 좋아해 주는 많은 사람들. 누나들, 형들, 남동생들, 여동생들까지 제법 큰 가족이다. 각자의 매력으로 수많은 꽃말을 가진 꽃들처럼 다양한 매력들로 내 삶을 흥미롭고 풍족하게 채워준다. 그들에게 나는 어떤 꽃말을 가진 꽃으로 보일까? 관계와 상황에 따라 사랑, 열정, 존경, 우정 같은 장미가 되고 싶기도 하고, 때로는 깊은 사랑과 헌신을 뜻하는 해바라기, 감사와 진심을 뜻하는 수국처럼 그렇게 내 사람들에게 의미 있는 꽃으로 곁에 있어 주고 싶다.

사랑이 언어가 아니었다면 반짝이는 '별'이라고도 말할 것이다. 서로의 관계가 차가울 때는 아주 깜깜한 심해의 깊은 어둠 속에서 아무것도 보이지 않고, 관계가 뜨거울 때는 영화관에서 팝콘이 팡팡 터지는 것처럼 아주 많고 귀여운 점들이 반짝반짝 내 마음을 가득 채우기 때문이다. 그 점은 마치 '별' 같은데 나에게는 별처럼 반짝이는 사랑이 있어 마음을 언제나 밝게 채워주며, 내 삶을 좋은 방향으로 이끌어준다. 성실하고 멋진 부모님의 반짝이는 등을 바라보며 컸던 나는 이제 세상 그 누구보다 밝게 빛나는 아내를 만났다. 그 빛나는 빛들에 보탬이 되기 위해 나의 빛을 갈고닦으며 오늘도 열심히 살아간다.

# '미지'의 사랑

 살면서 나는 관계를 늘리기보다는 줄이려고 한다. 그러나 아내를 만나며 소중한 여동생과 남동생들이 많이 생겼다. 아직은 다 알지 못하지만, 함께 할수록 배울 점이 많고 내게 좋은 자극을 주는 사람들이다. 덕분에 내 세계는 더 넓어졌다.

 아내를 만나 연애를 하고 결혼을 하며 행복한 삶을 살아가고 있는 순간들 사이사이 우리와 함께하는 그 좋은 사람들을 더 알고 싶다. 멀리 있어 자주 보지는 못해도, 1년에 단 한 번을 만나도 좋은 JY & CW. 대학 시절부터 연애를 해서 결혼을 한 친구들이다. 나는 아내를 만나고 함께 한 지 아직 7년 조금 안 되는데 이 친구들은 벌써 16년 차다. 나와 아내가 함께한 시간의 두 배가 넘었다. 긴 세월 동안 언제나 한결같이 변치 않고 서로를 바라보고, 챙겨주는 모습과 배려하는 모습은 따뜻한 미소와 함께 감탄을 불러온다. 그리고 JJ. 아내의 친구이지만 오래 알고 지낸 것처럼 편안한 사람이다. 그 여동생이 연애를 하고 결혼을 한다며 I를 소개해 주었을 때, 괜히 오빠로서의 사명감이 들기도 했다. 하지만 JJ를 바라보는 I의 눈빛은 너무도 따뜻했고 나 역시 자연스레 미소가 지어지며 안심이 되었다. 결혼한 두 사람과 함께 밥을 먹고 커피를 마실 때면 언제나 평온함 속 감사함을 느낀다. 이렇듯 아내의 둘도 없는 친구들이자 나에게는 귀여운 여동생들과 그 반려인들, 남동생들 덕분에 나의 삶은 언제나 물음표와 느낌표로 가득하다. "내 사랑이 부족하지는 않을까?", "더 나은 배려는 무엇일까?"같은 질문이 생기고, 또 "와, 저런 방식으로도 감동을 줄 수 있구나!" 하는 그런 감탄도 하게 된다. 이렇게 내 사랑이, 그리고 그들의 사랑과 누군가에게는 다가올 사랑이 미래의 우리 삶에 '미지'에 대한 막연한 두려움보다는 호기심 속 배려와 뜨거운 사랑으로 설렘과 긍정으로 다가오길 바란다. 오늘보다 내일. 하루하루 깊어지는 시간 속에 더 진하게 사랑하며 함께 살아가길.

## '미래'의 사랑

 1987년 귀여운 토끼띠인 나는 10년 뒤 2035년이면 40대의 끝자락에 서게 된다. 그때는 사랑하는 아내와 결혼한 지 15주년을 맞는 해이기도 하다. 우린 결혼기념일마다 가까운 곳이라도 여행을 다녀오는데 미래에 만약 사랑스러운 아이가 함께한다면 더없이 행복한 여행이 될 것이다.
 2023년 6월 아내와 무작정 떠났던 유럽 여행에서 스위스 산맥과 체코의 골목을 걸었던 때의 순간과 기억이 아직도 선명하다. 그 여행처럼, 고민과 조급함을 내려놓고 사랑과 행복을 채워오는 시간을 앞으로도 갖고 싶다. 물론 50대를 코앞에 앞둔 시기라 또 다른 고민들이 생길 수도 있다. 그러나 그것은 또 다른 시작을 위한 충전일 뿐이라 생각이 들 뿐 두렵지 않다. 단지 그를 위해 차근차근 준비하면 된다.

 내 삶을 미리 알 수는 없다. 하지만 변치 않을 사실은 하나다. 나는 여전히 현명한 아내와 많은 대화를 나누며 지혜로울 것이다. 변치 않는 마음으로 사랑하며 하루하루 열심히 살아갈 것이다. 그리고 언젠가, 아직은 다가오지 않은 작은 발걸음이 우리 곁에 찾아온다면 이렇게 말해주고 싶다. "어서 와, 아가. 아빠, 엄마가 정말 많은 사랑을 줄게, 우리에게 와줘서 고마워."라고. 둘에서 셋으로. 그렇게 새로운 사랑의 시작이 다가오기를, 진심으로 바라본다.

우리가 사랑이라 부른 순간들

# 사랑하는 나의 손주 영우에게

**곰발**

글 쓰는 전기쟁이, 언젠가 전기하는 글쟁이가 되기를 바라며, 손에 펜과 펜치를 쥐고 살아간다.

영우야, 네가 요즘 사랑의 감정으로 고민이 많다고 들었단다. 네가 좋아하는 그 학생 이름은 어떻게 되니? 무엇을 좋아하고? 너는 그 아이의 어떤 매력에 마음을 빼앗겨 버렸니? 그 아이는 너를 어떻게 생각하는 것 같니? 그런데 사랑이라는 게 참 쉽지 않지?

할애비가 뭐라고 하든 쉰내 나는 소리로 들릴 수는 있지만, 할애비도 그런 시절을 겪었단다. 한번 들어볼래? 대신 할머니한테는 비밀이다.

영우야, 사실 사람들은 사랑을 통해 결핍을 채우려고 하지만 결국 채워지지 않고 스스로 결핍을 채우고 성장하는 거란다. 너의 그 사랑도 결국 너를 키워줄 거란다.

할애비도 그 사실을 알게 된 과정은 단순했단다. 어릴 적 할애비는 이성을 볼 때 첫 번째 조건이 책 보는 걸 좋아하고 똑똑한 사람이었단다. 하지만 책 좋아하고 똑똑한 사람을 소개받는 건 쉽지 않았단다. 그래서 할애비가 스스로 책을 보고 공부를 하기 시작했지. 그때 알게 되었단다. 내 삶의 결핍을 채웠을 때 이상적인 모습을 상대방에게 투영시키고 싶어 한다는 것을, 그렇게 책을 많이 읽으니 자연스레 주변에 책 보는 사람이 많아졌고 그 사람들을 통해 소개를 받고 연애를 했단다.

똑똑한 사람이 책을 많이 읽으면 현명해지고 둘 사이의 연애 문제도 슬기롭게 해결할 줄 알았는데 꼭 그렇지만은 못했단다. 남녀 사이의 문제는 논리만으로 해결되지 않는다는 걸 그땐 몰랐던 거지. 영우 너도 그렇게 느낄 때가 이제 많아질 거다. 논리로만 대화하면 결코 상대를 이해할 수 없다는 것을 곧 알게 될 거란다. 그렇게 봄날 같았던 사랑도 시간에 꽃잎이 졌고, 여름을 기다리듯 다음 사랑을 찾아야 했었지.

그다음 할애비의 키워드는 요리였단다. 영우 너도 할애비 요리를 종종 먹어봤지? 너도 할애비의 오삼불고기를 할머니 요리보다 더 좋아했잖니. 그게 다 이 시절에 배워둔 거란다. 너도 몇 가지 요리는 익혀두는 게 가족들에게 사랑받기 좋을 거란다. 특히 파스타와 미역국 그리고 양식 메뉴 한두 가지는 꼭 배워두렴. 고기 굽는 거야 우리 집안 핏줄이니 걱정 없이 잘 구울걸 알지만 그래도 분위기 잡을 요리들은 할 줄 아는 것이 확실히 좋단다. 다시 본론으로 가면 그 당시 학교

선배가 나에게 "외모 좋은 건 3개월, 몸매 좋으면 3년, 요리 잘하면 평생"이라는 개똥철학을 설파했었는데 수백 번의 반복 때문에 나도 어느 정도 납득을 해버리고 말았단다. 그리고 요리 잘하는 사람에 대한 로망도 커졌다. 그 당시에 요리 프로그램의 유행이 되기 전이였기에 요리 잘하는 남성으로의 조건은 꽤 큰 메리트를 만들 수 있다고 판단했지. 요리를 배우러 요리학원에 갔는데 같은 수업 시간대에는 자영업 준비하시는 형님들과 이모님들뿐이었었다. 그 자리에서 열심히 하니 형님과 이모들도 날 좋아해 주었단다. 수업 후 남은 건 자기 매장 오픈하면 놀러 오라는 형님들의 연락처와 기미상궁 역할로 늘어나 버린 체중뿐이었단다. 영우 너도 전에 할애비랑 같이 마포에 큰 고깃집 간 적이 있었지? 거기서 너한테 용돈 준 사장님의 아버지가 그때 요리 교실에서 친해진 형님이란다. 어쨌든, 인생은 자기 마음대로 되지 않아서 재미있고, 그러면서 새로운 인연과 선물이 생기기도 하는 법이란다. 요리학원 수업에서 요리 좀 배웠다고 친구나 지인을 초대해 음식을 대접하기 시작했고 그때 연애하면서 인생 최대 몸무게를 만들기도 했지. 그리고 사실 할머니가 할애비 요리 실력 보고 결혼했단다.

그 이후로 여러 인연과의 만남이 이루어질 때마다, 내가 그 당시에 원하거나 결핍되었던 요소들을 하나둘씩 채우면서 성장을 했단다. 성장을 하다 보니 당연히 눈은 높아지고 재력에 관한 욕심도 커졌단다. 자신감이 가득 차 있던 할애비는 못할 게 없다고 생각했고 남들이 말리던 개인사업을 했단다. 초반에 성공하는 듯했지만 결국 처참하게 망했지. 아주 그냥 개털이 되었단다. 그때 생각하면 아직도 등골이 싸늘하단다. 그러니 영우도 혹시나 사업할 때는 동업으로는 절대 시도하지 않았으면 좋겠구나.

끝없이 바닥으로 처박히고 나니 인생의 모든 것이 불만이었고 결핍이었단다. 노력에 대한 불신감은 커졌고 손끝에는 나태가, 혀끝에는 불평이, 눈 끝에는 질투만이 남았었단다. 삶을 정리해야 하나 말아야 하는 고민이 목 끝까지 차올랐고 결국 그 한계치를 넘어버렸을 때, 삶의 마침표를 찍으러 했었다. 천운인지 신의 도움인지 그 마침표를 찍으려던 펜 끝은 부러졌고, 두 번째 삶을 살라는 인도를 받았단다. 그때 펜 끝이 조금만 더 튼튼했더라면 영우를 만나지 못했겠지. 정말 다행이라고 생각한단다.

두 번째 삶을 시작할 때도 사실 의욕은 없었단다. 이미 끝난 영화라 생각했고 그 뒤로 이어진 것은 크레딧롤 올라가는 순간 같았던 하루의 연속이었다. 혹시나 모를 쿠키 영상 같은 행운만을 바라며, 텅 빈 영화관에 홀로 남은 손님처럼 스크린이 꺼지기를 기다리고 있었다. 그렇게 목적도 목표도 사라지고 하루하루 숨이 끊어지지 않게만 연명하던 나날들을 반복하던 중에 할애비는 기적 같은 여성을 만나게 되었지.

 작은 일에도 감사해하며 스스로 행복할 줄 아는 그런 사람, 어둠의 구렁텅이 속에 빠져있다고 느꼈던 할애비에게 그 사람은 등불이었고 이정표였단다. 그 사람 곁에서 삶을 사랑하는 법과 현재에 사는 법, 그리고 범사에 감사하는 방법을 배웠단다. 그런 과정을 거쳐 할애비의 삶에 어둠이 물러갔고 빛이 차올랐었지. 그렇게 나의 진실한 마음을 그녀에게 전했고 그녀는 받아주었단다.

 모든 것이 완벽한 것 같았지. 그녀와 함께 있는 시간은 행복과 사랑이 가득했고 영원히 지속될 것 같았단다. 결핍이 아닌 충만함으로 이루어진 연애는 갈등도 싸움도 없었지. 그래서 미래를 평생 함께하고 싶다는 마음이 커졌지. 행복한 가정이라는 꿈이 손에 잡힐 것이라 생각한 순간, 운명은 시련을 던져주었단다.

그날은 7월 어느 무더운 여름날이었다. 평소처럼 퇴근 후 집 가는 길에 전화를 걸었는데 그녀가 울고 있었지. 왜 그런지 물어보았지만 쉽게 답해주지 않았다. 그렇게 한참을 울고 잠깐 진정이 된 다음에서야 대화를 시작할 수 있었지. "자기야, 나 암이 재발했는데, 6개월마다 검사를 받아 왔는데 의사들이 실수로 늦게 찾아서 3기래." 뭐라 말할 수가 없었다. 우선 괜찮을 거라고 방법이 있을 거라고 그녀를 달래고 난 뒤 전화를 끊고 나서 짐승처럼 울화를 토해내었다. 인생이 완벽하게 맞춰진 퍼즐이라고 자만했던 순간, 가장 단단하고 문제없을 거라 생각했던 조각이 깨져버렸단다.

건강을 잃으면 모든 걸 잃는다고 들어봤지? 그 말은 사실이었다. 건강이라는 가장 중요한 밑받침이 결핍되자 그 위에 쌓은 다른 모든 것들이 흔들거리기 시작했단다. 그렇지만 포기하고 살 순 없었다. 그렇게 사랑에 건강이 가장 우선순위가 되는 삶이 시작되었지.

병원에서 정밀진단을 받고 수술 일정을 조율하는 과정에서 우리 사이에 가장 먼저 바뀐 것은 식단이었다. 가공식품들은 모두 냉장고에서 퇴출

당했지. 유기농, 자연식이라 불리는 종류들만 냉장고에 자리 잡을 수 있었다. 해산물과 채소, 버섯들이 대다수를 차지했고 육류는 최소한의 쿼터만 유지했었다. 항암에 좋다는 재료, 면역력에 좋다는 재료들은 하루가 멀다 하고 집으로 배송되었고, 그마저도 만족하지 못할 때는 약령시장에 가서 발품을 팔아 구했었지.

 그렇게 집이 가정집인지 건강원인지 구분이 안 가기 시작할 때쯤, 처음 암을 발견한 병원에서는 종양의 위치가 위험하고 림프절 전이 가능성도 높아서 수술이 힘들다고 하였단다. 사람이 무너지는 순간은 이런 상황일 때였다. 어둠 속에서 희망을 찾았는데 그 희망이 사라져 버렸을 때, 할애비를 이끌어 주었던 찬란한 그녀는 무너져버렸단다. 항암치료도 거부하고 식단도 포기해 버렸지. 모든 일에 불만과 불평이 가득했고, 주변 사람들에 대한 질투와 시기도 늘어났다. 급발하는 분노와 폭언도 나왔었다. 그러다가 정신을 차리면 스스로 자책하며 그냥 진통제로 버티다가 빨리 끝나버리길 바랐었지.

 이제 내가 그녀의 등불이 되어줄 차례였단다. 다른 병원들을 알아보고 말기 암 환자들이 치료

된 사례들을 찾아보았지. 병원들 대다수는 이미 진료 본 처음 병원이 있었기에 자기들이 진료 보는 것을 꺼렸단다. 그런 거절의 횟수가 늘어날수록 그녀는 수척해졌단다. 포기라는 말은 입 밖으로 나오지는 않았지만 희망이라는 말도 나오지 못했었다. 피 같은 시간이 손가락 사이로 빠져나가고 이제 끝을 준비해야 하나 라고 생각하던 그때 지인의 소개로 항암치료 쪽 의사분을 소개받았단다. 그분을 통해서 새롭게 진료를 볼 수 있게 되었지. 다행히 새로 검사를 받은 병원에서는 수술을 시도해 볼만하다고 진단하였고 어둠 속에 작은 희망의 별빛이 생겼단다.

기나긴 수술, 그리고 수십 차례의 항암이 기다리고 있지만 그래도 행복했단다. 희망이 있었으니까. 희망이 생기니 그녀도 점차 원래의 모습을 찾게 되었지.

수술의 결과는 긍정적이었고, 항암치료도 꾸준하게 잘 받았단다. 자연식과 유기농식을 통해 면역력을 끌어올리는 노력을 했고 운동도 꾸준히 하며 약간의 조율이 필요했지만 삶은 거의 원래대로 돌아갔단다.

이제 나의 결핍만이 아니라 타인의 결핍을 통

해서도 함께 성장하는 법을 배웠고 그 끝은 그녀와 함께 가족이 되는 것이라 생각했단다. 그런데 그 당시 신은 아직 할애비가 더 배울 것이 남았는지 그 관계를 끝내버렸단다. 아니 정확히는 우리가, 더 솔직하게는 내가 그녀의 손을 잡지 못했단다. 그녀는 자신 때문에 내가 잡혀있는 게 더 이상 싫다고 이별을 통보했었지. 사실 그녀가 떠날 때 잡고 싶었고 놓치고 싶지 않았는데 잡을 수가 없었단다. 나도 많이 지쳐있었거든, 근데 속으로 그 지침을 잘 숨기고 있다고 생각했는데 그녀가 알아차린 것 같더라고. 그때의 선택을 후회하냐고 묻는다면 아니라고는 못 하겠지. 하지만 세월이 지난 지금은 후회보다는 아쉬움이, 그리고 미안함과 사과하고 감사 인사를 전하고 싶다는 마음이 더 크단다. 영우야 너의 마음을 전할 때는 끝까지 최선을 다하렴, 그래야 후회가 덜하단다. 끝나지 않았는데 다 와 간다고 마음을 풀어버리면 더 큰 후회가 생긴단다.

그렇게 할애비는 결실을 맺으려 했던 가을을 차갑게 지내고 겨울을 맞이했단다. 하지만 봄을 맞이하여 새로운 결실을 만들었고 그 결실의 끝에 영우 네가 있었지. 그 새로운 봄 이야기는 다음에 들려주마.

  사랑하는 나의 손주 영우야 너의 봄날에 조금 더 맑은 날이 많기를 기원한단다.

우리가 사랑이라 부른 순간들

# 덕질이 별다른 게 있나요?

**이주희**

유애나 단지 아이스카페라떼 봉사활동 여행 고양이 집사를 꿈꾼다. 제주도에 소소한 나눔을 실천할 수 있는 [아이스카페라떼를 사랑하는 이유] 카페를 하고 싶다.

내 덕질 대상들은 나의 최애들, 고양이, 봉사활동, 아이스카페라떼, 여행 그리고 보라색이다.

# 봉사활동은 행복 플러스 힐링

 학창 시절 봉사활동은 처음엔 시간을 채우기 위해서 했지만 시간이 지날수록 행복하고 즐거웠다. 게다가 봉사상을 받게 되었는데, 그 시절의 경험이 좋아 성인이 되었을 때도 다양한 봉사활동을 열정을 담아 했다. 십몇 년 동안 주거 환경 개선을 해주는 단체에서의 활동은 집의 셀프도배를 직접 할 수 있는 실력 정도까지 만들어 주었다. SNS를 통해 알게 된 국제어린이마라톤대회는 사전 교육까지 2번이나 서울로 올라가야 했고, 몇 년 후 미스터리봉사라는 문구에 대한 호기심으로 코로나가 터지기 전까지는 일 년에 2~3회 정도 참여했던 활동들은 왕복 8시간이 넘는 장거리는 문제가 되지 않았다. 무엇도 봉사활동에 대한 내 열정을 막을 수 없었다. 서울로 이사

왔을 때는 코로나로 인해 봉사활동을 잠시 쉬었지만 이후 다시 시작하면서 매년 기수별로 모집하는 단체에 지원 후 4기째 하고 있다. 카페를 통해 가입한 곳은 매달 주말에 요일마다 정해진 봉사지에서 사회 체험, 생활 지원, 정서 지원에 대한 활동을 하고 있다. 보육원에서는 외부로 나들이 및 체험활동을 나가고, 장애인시설은 산책, 외부내부프로그램, 식사보조, 청소지원, 노인복지센터는 말벗 서비스, 생일파티, 산책 및 식사보조에 대한 다양한 봉사활동을 하면서 행복과 힐링이 가득한 주말을 보내고 있다.

# 고양이, 그리고
# (아)이스카페라떼를 사랑하는(이유)

 카페라떼를 좋아한다. 따듯한 라떼도 좋아하지만 아이스 카페라떼를 더 좋아한다. 한때 닉네임으로 쓰기도 했었다. 믹스커피도, 편의점에서 파는 투플러스원이나 원플러스원 음료도 일단 라떼가 들어가는 종류로 마신다. 지인들이 커피 선물을 할 때도 라떼를 보내준다.
 고양이 집사에 대한 꿈은 있지만, 동물을 키운다는 건 책임감이 따르기에 아직은 집사가 되지는 못했다. 대신 다양한 방법으로 그 아쉬움을 달랜다. 주택에 살 때 집 옥상에 자주 오던 고등어 고양이와 사랑에 빠졌다, 기와지붕과 옥상에는 고양이들이 새끼를 낳고 살다가 떠나기도 했는데 오랫동안 찾아오던 그 아이와는 사료나 간식을 챙겨주면서 정이 들었고 "단지, 라떼" 두 가지 이름으로 불렀다. 나의 첫 아이돌 오빠가 부르던 우리의 애칭이 '단지'였고, 카페라떼를 좋아해서였다. 그 녀석은 곁은 주지 않았기에 나의 사랑은 짝사랑이었다. 경계가 심하거나 도망을 가진 않았지만, 지붕 위에서 따뜻한 햇볕을 즐기거나 계단에 앉아 있을 때 올라가면 그곳의 주인인 마냥 하악질을 하기도 했는데, 마당에서 사료랑 간식을 챙겨줄 때 근처에서 서성이길래 자리를 피해주니 먹는 모습이 어처구니가 없었지만 사랑스럽고 귀여웠다. 재개발로 인해서 이사를 하게 되었을 때 조금만 곁을 주고 손을 타는 아이였으면 데려가 키우면 좋았겠다고 생각했다.

'고양이를 찾아라 힐링 고양이 투어'라는 테마를 정해서 제주 여행을 간 적이 있다. 김녕의 한 카페에 있는 고양이로 인해 여행을 계획하게 되었고 머무르는 동안 하루에 한 번은 꼭 가서 고양이들을 통해 행복한 시간을 보내고 또 다른 카페에서 아이스 카페라떼를 마시면서 힐링하고, 강아지들과 아침러닝을 할 수 있고 고양이도 있는 게스트하우스도 갔었다. 옆에는 주인장이 머무는 집이었고, 고양이를 창문에서 한 번씩 마주치면 행복했지만, 하필 묵었던 이틀 내내 비가 와서 강아지들이랑 산책도 못하고 마당냥이도 많이 못 봐서 아쉬웠다. 그렇게 매일 다양한 고양이들을 만났는데, 김녕미로공원에서의 만난 고양이를 잊지 못한다. 잠시 쉬려고 앉은 벤치에는 턱시도 고양이 한 마리가 있었다. 코 인사를 했더니 내 손을 핥길래 살포시 머리를 쓰다듬었는데, 갑자기 내 무릎 위로 올라오며 식빵 자세로 앉는 순간 나의 시간은 잠시 멈췄다. 궁디팡팡과 쓰담쓰담을 하는 동안 내 마음속은 따뜻함으로 채워졌다. 좀 더 머무르고 싶었지만 가야 할 시간이라 일어나자 내려가기 싫었는지 살짝 성질을 내면서 안 내려가려던 귀요미로 인해 그날 행복했고, 납치해서 데리고 가고 싶었다. 착장은 보라덕후답게 보라색 원피스, 보라색 신발 그리고 고양이가 그려진 가방, 그렇게 그날은 테마의 주제에 맞는 최고의 힐링이 되는 순간으로 남았다. 그리고 대만 여행 때 허우통을 갔었는데 그곳에 사는 고양이들은 너무나 평온하고 행복해 보여 나도 행복이 가득했다.

 비록 고양이를 직접 키우지는 못해도 고양이가 있는 카페나 게스트 하우스를 가거나 여행하고, 고양이 관련 굿즈를 구매하면서 대리만족만으로도 충분히 행복하게 살고 있다. 아이스카페라떼, 최애의 활동명을 섞어서 만든 닉네임이 있는데,

언젠가 그 닉넴임을 상호로 하고, 최애의 굿즈, 고양이 굿즈, 보라 아이템으로 인테리어하고 마당에는 고양이들이 찾아오는 라떼 맛집을 차리고 싶다.

# 돌이켜보면 덕질의 시작은…

 나의 농구 첫사랑은 영원한 코트의 황태자 우지원 오빠다. 초등학교 때 친척 집에 놀러 갔다가 틀어져 있던 TV에서 우연히 보게 된 농구 경기에서 3점 슛을 시원하게 쏘는 모습과 잘생긴 얼굴과 그날의 승리로 인해 반해버렸다. 오빠를 따라 응원하는 소속팀이 바뀌었고, 내가 사는 지역의 연고지 팀에 왔을 땐 기쁘고 행복했다. 돌이켜 생각해 보면 그날이 덕질의 첫 시작이었고 가장 오래된 사랑의 기억이다. 나의 첫사랑 지원 오빠는 영구결번 10번을 남기고 은퇴했다. 응원하는 팀의 원정경기에 해설 위원으로 왔을 때 경기가 끝나고 챙겨간 유니폼에 사인을 받은 추억이 있다. 은퇴 후에 새롭게 눈길이 가던 박구영 선수가 있는데 별명은 '빡구'였다. 역시나 3점 슛을 잘 쏘고 귀여운 외모에 반해서 좋아하게 되었을 때 처음으로 시즌권을 끊고, 원정 경기도 따라다녔다. 원정경기의 퇴근길과 용인에 있는 클럽 하우스에서 했던 연습경기를 보러 갔을 때는 나를 알아봐서 정말 행복했었다. 그리고 농구 경기 자체도 많이 좋아했다. 공격과 수비의 전환이 빨라 잠시라도 눈을 뗄 수 없고 2점 차로 지고 있다가도 버저비터로 3점 슛을 넣어 승리했을 때의 그 짜릿함과 선수들이 경기를 뛰면서 코트를 밟을 때 들려오는 운동화의 마찰력 소리, 농구공이 튀는 소리와 응원 소리는 오랫동안 추억이었다.

# 그렇게 나의 덕질 본능은
# 다시 꿈틀거리기 시작했다

 나의 첫 아이돌은 조퇴 금지령이 내리고 콘서트가 끝나고 지하철이 연장되기도 했고, 올림픽주 경기장의 국내 최초로 공연한 아이돌이기도 한 1세대 아이돌 'H.O.T.'이다. 멤버 중에는 귀공자처럼 생긴 토니 오빠에게 반했다. 엽서와 잡지 그리고 다양한 굿즈들을 모으고, 방송 시청만으로도 좋았다. 광역시 승격 축하 무대를 위해 내가 살고 있는 지역에 왔을 때는 가까이서 볼 수 있을 거라고 기대했다. 하지만 하교 후 갔을 땐 그곳은 발 디딜 틈이 없을 정도로 사람들이 가득했다. 결국 멀리서 볼 수밖에 없었어도 오빠들의 무대를 방송이 아닌 현장에서 볼 수 있었기에 행복했던 시절이었다.

 공식적인 해체나 은퇴를 발표한 적은 없었지만,

다섯이 함께 활동할 수 없게 되었을 땐 슬픔과 함께 분노로 가득했던 시기도 있었다. 최애 오빠가 JTL로 활동을 했을 때도 꾸준히 덕질은 이어 나갔다. 하지만 JTL활동도 자연스레 끝나게 되고, 오빠들도 개인 활동에 전념하고 활동도 뜸해지는 거 같고, 나도 취업 준비와 직장 생활을 시작하고 시간이 흐르면서 자연스레 덕질에 대한 나의 사랑은 잠시 휴식기를 가졌다. 그러다 어느 한 예능프로그램을 통해 다섯 명이 다시 뭉쳐 공연을 하게 되었고, 그때를 계기로 완전체로 돌아온 첫 단독콘서트로 "휴덕은 있어도 탈덕은 없다."는 말처럼 덕질 본능은 다시 꿈틀거리기 시작했다. 완전체의 첫 단독콘서트는 열렬히 사랑했던 나의 학창 시절의 추억들을 떠올리게 했고, 팬 송이 들려온 그 순간은 여러 가지 감정들로 눈물이 차올랐다. 다음 해의 콘서트도 즐겁고 행복하고 환희 찬 기억으로 남았으며, 토니 오빠의 단독 콘서트는 부산과 서울로 올콘을 갔었다. 공연장은 좀 작은 규모의 홀에서 해서 오빠를 가까이 볼 수 있었고, 앙코르 무대는 노래를 부르면서 관객석으로 내려와 한 바퀴 돌던 오빠와 맞닿은 손 터치와 한 송이 꽃을 전해줬을 때 받아주었던 그 순간은 행복한 기억으로 남고 추억이 되어 내 마음의 방 한켠에 소중히 담겨있다. 그리고 오빠들의 단독 콘서트는 아니지만 다시 완전체로 돌아온다는 소식으로 인해 두근거리고 설렘 가득 들뜬 마음으로 꼭 티켓팅에 성공해 이틀간 다 갈 수 있기를 바라고 있다.

# 보라보라 보라유 보라애나
## 다섯째 손가락 516

 좋아하고 사랑에 빠지는 설렘 포인트는 기타 치면서 노래를 부르는 모습이다. 좋아하는 목소리와 음악들로 인해 자꾸만 눈길이 가던 아이유를 처음엔 라이트팬의 마음으로 조용히 좋아했다. 그러다 우연히 보게 된 음악프로그램에서 그 모습을 눈과 귀로 담고 있으니 두근두근 설레었고, 그녀에게 점점 더 스며들었으며, 살랑살랑 불어오는 봄바람처럼 마음이 간질거렸다. 그리고 아이유에게 점점 빠져들게 되면서 원래부터 좋아하던 보라색을 더 사랑하게 되었다. 아이유가 보라색을 좋아하다 보니 아이유를 상징하고 팬덤을 상징하는 색도 자연스레 보라색이 되었고 유애나를 제비꽃에 비유하기도 했는데 제비꽃도 보라색이다. 이러한 이유들로 인해 좋아하는 보라색 계열의 아이템들이 넘쳐난다. 지인들은 보라색과 관련된 아이템이 나에게 있으면 바로 아이유랑 연결할 때도 있다. 그래서인지 선물을 줄 때 보라색이 들어간 걸 준 적도 있고, 우연히 받은 물건들이 보라색이면 행복해지고 기분이 좋아지는 보라색 덕후다. 그리고 더 많은 노래를 찾아서 듣게 되면서, 팬카페 닉네임으로 설정할 만큼 좋아하는 최애 곡이자 입덕 곡으로 인해서 더 깊은 사랑에 빠져버렸다. 매해 콘서트에서 앙앙코르곡으로 라이브로 듣고 싶어 크게 외쳐도 매번 나의 목소리는 닿지 않아 아쉬웠지만, 아이유 생일을 기념하여 7기 유애나의 애칭인 럭끼들을 위해 라디오 콘셉트로 진행된 보이스 라이브를 통해 드디어 들을 수 있었다. 새롭게 유입된 유애나에게 덜 알려진 곡을 추천하면 라이브로 불러준다고 했을 때 나를 포함해 몇몇 유애나들이 〈다섯째 손가락〉을 듣고 싶다고 했었다. 이번엔 그 마음이 닿았는지 짧게나마 불러줬을 때 너무 행복하고 좋아 그 야밤에 큰소리를 질러버렸고, 심장은 미친 듯이 콩닥콩닥했다. 방송이 끝난 후엔 그 순간의 감정을 담아 인스타그램에 글을 작성하며 추억으로 남겼다.

## 그날의 온도와 습도마저 추억이 되어
## 나를 위한 날들이 되었다

    1기와 10주년의 특별한 숫자로 인해 꿈틀거리고 있던 나의 덕질은 본격적으로 시작되었다. 1기 때 공식 응원봉을 주는 유애나플러스와 일반유애나를 같이 모집을 했는데, 응원봉은 큰 의미가 있을 거 같아서 플러스로 가입하게 만들었고, 1기 가입 때의 응원봉은 희귀템이 되어 그걸 가지고 있다는 사실은 늦게 유입한 유애나나 그때 당시 일반유애나만 가입했던 다른 팬들의 부러움 대상이 되기도 했다. 10주년은 뭔가 특별함으로 다가와 꼭 콘서트를 보러 가야겠다는 생각이 들게 했고, 피켓팅을 힘들게 뚫고 성공해서 갔던 첫 콘서트는 올콘으로 가지 않은 것이 후회될 만큼 최고의 무대였다. 애정하는 나의 아티스트의 첫 콘서트를 직접 보게 되어서였는지 첫 무대의 오프닝은 뭔가 모를 감정으로 나를 울게 했다. 다음 해에도 어렵게 티켓팅을 했지만, 여러 가지 사정으로 결국 취소할 수밖에 없었던 그 선택은 코로나로 인해 콘서트가 중단되었을 때 후회한 적도 있다.

 2022년 다시 시작된 첫 콘서트는 여름과 가을 사이의 무더운 날이었다. 해 질 무렵의 오렌지빛으로 붉게 물들던 하늘 아래, 함성과 열기 가득했던 오프닝 무대는 7시 정각이 되었을 때 전주가 흘러나오는 게 아닌 〈에잇〉의 가사 중 한 소절이 아이유의 목소리와 함께 들려오며 무반주로 시작된 예상치 못한 오프닝으로 인해 전율과 함께 소름이 돋았고 나의 가슴과 마음을 울렸던 그날의 첫 소절과 착장은 최고의 무대가 되었다. 스트로베리문을 연상케 하는 하늘도 너무 예뻤으며, 열기구와 함께 달이 되어 나타난 아이유 그리고 하늘에 펼쳐진 드론 쇼는 경이로웠다.

 둘째 날은 첫날과는 비슷한 듯 다른 분위기로 물들었다. 그날 역시 많이 무더웠지만 공연이 한창 진행되는 도중에 갑자기 시원하게 불어온 바람을 잠시 함께 느껴보자던 최애의 멘트에 나도 기분 좋은 바람을 느끼며 뜨거운 열기를 잠시나마 식힐 수 있었고, 그날의 온도와 습도마저도 모두 추억으로 남았다.

다음 해의 팬 콘서트에서 앙코르 곡으로 불러준 노래는 나의 첫 최애와 또 지금의 최애를 좋아하는 나의 마음을 이어주는 연결고리가 되었다 그 노래의 전주의 첫 소절을 듣는 순간 소리를 질렀다. 그리고 그 노래의 한 단어는 토니 오빠를 좋아하는 팬들을 부르게 되는 애칭을 자리 잡게 만든 〈캔디〉다. 노래 가사의 일부인 단지, 그렇다 난 오빠의 단지 중의 한 명이다. 오빠의 단독콘서트에서 앙코르 곡으로 꼭 부르던 그 노래를 아이유도 앙코르에서 커버댄스 무대로 춤도 추면서 노래도 부른다니 이건 운명인 거다. 그 무대로 인해 난 세상을 다 가진 기분이었고, 그날의 콘서트는 오랫동안 기억에 남을 것이다. 올해는 고양이가 최애와의 연결고리가 생겼는데, 올해 팬클럽 기수의 캐릭터가 고양이였다. 이렇게 나의 덕질 대상들이 운명처럼 이어져 있다는 건 너무 행복한 일이다.

2024년의 봄이 시작되는 3월 콘서트의 4일 차이자 막콘 날 아이유의 출근길을 보기 위해 설레는 마음을 가득 안고 아침 일찍 준비해 그 장소로 향했고 중앙 쪽은 이미 다른 팬들로 인해 자리가 없어서 사이드 앞쪽에서 기다렸다. 그날따라 팬들이 있는 방향으로 한 바퀴 도는데 팬들이 준비한 선물과 편지를 전달하는 걸 보고 나도 직접 만든 열쇠고리를 전달했다. 그림을 그려서 자르고 구운 후 레진으로 코팅하고 수작업을 거치는 거라 퀄리티가 엄청 좋진 않아도 전달할 기회가 있을까 봐 가지고 다녔는데, 아이유가 나에게 가까이 다가왔을 때, 떨리는 마음으로 용기 내어 손을 내밀던 순간은 잊지 못할 행복이었다. 팬들의 선물을 직접 받아 가기도 하고 스텝이나 매니저님, 경호원분이 대신 받기도 했는데 내 선물은 직접 가져가서 기쁘고 행복했고, 핸드폰으로 촬영하고 있어서 당연히 그 장면이 담겨 있다고 생각했기에 기분이 좋았다. 놀란 마음을 진정시키고 영상을 확인했는데 아이유가 아닌 바닥을 향하고 있었다. 행복과 슬픔이 교차했던 마음을 팬 오픈 채팅방에 말했더니 "보라보라님 아니세요?"라며 보내준 영상 속에 함박웃음을 짓고 있는 나의 모습과 함께 아이유가 담겨 있었고 키링을 들고 있는 사진도 받아 소중하게 간직할 수 있는 추억을 남길 수 있었다. 그리고 막콘이었던 그날 콘서트를 하는 도중 상암에서 앙코르 콘서트를 한다는 일정이 전광판에 나오는 순간 모두가 환호성을 질렀다. 정말 잊지 못할 또 하나의 콘서트가 되었다. 봄에 한국에서 시작해서 월드 투어를 하며 여름을 거쳐 한국에서 가을에 앙코르로 돌아온 9월의 콘서트는 한국 여성 가수 최초이며 콘서트 이틀째이자 마지막 날은 100번째 콘서트다.

  결국은 사랑이 이긴다는 메시지가 담겨 있는 앙코르 콘서트로 가을에 다시 만났던 첫날, 연출처럼 갑자기 비가 내릴 때 "비 오네."라며 했던 멘트 속에 시작된 기타 연주와 노래하는 모습은 마침 영화의 한 장면처럼 느껴졌다. 처음엔 진짜 연출인 줄 알았지만 진짜 딱 〈bye summer〉를 부르는 동안 비가 오다 그쳤고, 내가 아이유에게 빠져버릴 수밖에 없었던 기타 치며 노래 부르는 아이유를 직접 현장에서 두 눈으로 보던 그 순간의 기억은 영원히 잊지 못할 것이다. 다음날은 노래 가사처럼 서늘한 바람이 불어온 그 무대들은 빨간색, 보라색, 파란색, 그리고 여러 가지 색깔로 반짝거리며 빛나던 모든 순간들은 포근하고 따뜻했으며, 다양한 색깔이 사랑으로 물들어 내 마음속에 가득 찼다. 요즘엔 새로 생긴 팬 커뮤니티에 다양한 글을 적고 있다. 아이유도 팬들의 사랑에 답을 보내오기도 하는데, 난 아직은 그 답을 받지 못했지만 아이유를 향한 마음이 담겨 있는 나의 마음에도 찾아오는 그날이 올 때까지 편지는 계속될 것이며, '아이유의 관객이 되어 영원히 유애나'로 행복한 덕질을 계속해서 이어 나갈 것이다.

# 그 모든 날과 시간들은
# 사랑이 존재하기에 찬란하게 빛난다

 최애의 콘서트 티켓팅은 심장이 터질 듯한 떨림과 간절한 마음으로 기원했고, 그 기다림 끝은 올콘의 성공으로 이어져 콘서트를 모두 갈 수 있다는 기쁨과 환희로 세상을 다 가진 기분이었다. 그렇게 성공해서 보러 간 최애의 무대는 나에게 작은 위로를 건넸고, 눈물이 차오르며 벅찬 감동과 행복을 안겨주며 가슴속에 남아 온전히 나를 위한 날들이 되었고, 고양이, 아이스 카페라떼, 봉사활동, 그리고 보라색과 함께 모두 내 사랑의 대상이고 그들을 향해 마음을 내어 사랑할 때 큰 행복감을 느낀다. 덕질은 나에게 있어 단순한 취미생활을 뛰어넘어 사랑하는 마음과 애정을 담아 진심으로 대하는 나의 온전한 마음이다. 그래서 이들을 향한 열정 가득한 나의 모습을 아껴주며 스스로 사랑하고 응원을 해주는 것이 곧 나를 사랑하는 마음이자 내가 덕질을 하는 방식이다. 이들과 함께한 시간만큼 내 사랑은 더 단단해지며, 오래도록 같은 자리에 머물며 깊어지면서 사랑은 계속해서 지속될 것이고 그들을 향한 내 사랑은 지금도 현재 진행형이다. 그리고, 사랑하는 대상들을 향한 내 진심 어린 마음이 담겨 있는 그 모든 날과 시간은, 사랑이 존재하기에 찬란하게 빛난다고 믿고 싶다. 결국은 사랑을 담아 좋아하는 걸 하는 모든 순간이 바로 덕질이다.

우리가 사랑이라 부른 순간들

# Love is music

**전지적 아아**

타인에게 예민한 ISTP. 선을 넘지 않으려 노력하고, 선을 넘는 사람을 싫어하는 개인주의자.

# 오늘도 울고 있을 너에게
- 전람회, 〈취중진담〉

  2002년 월드컵의 열기는 겨울 영하의 날씨에 다 식었고, 나의 10대도 막바지에 다다랐다. 고3이 되면 공부만 한다고, 잠을 잘 시간조차 부족하고, 공부 스트레스가 어마어마해서 사람처럼 사는 것은 포기해야 한다고 들었는데, 막상 고3이 되니까 고2 때와 별다를 것 없었다. 달라진 것이 있다면 야간 자율학습 시간이 1시간 늘어서 23시 30분에 끝났다는 점 정도였다. 공부만 하고 살 줄 알았는데, 공부 빼고 모든 것이 재미있었다.

  고3이 되면서 생애 최초로 내 휴대전화가 생겼다. 학교 마치고 학원까지 갔다가 집에 가면 너무 늦다 보니, 부모님께서 걱정이 되셨는지 장만해 주셨다. 지금은 휴대전화를 만들지 않는 회사의 휴대전화, 무려 256색 컬러 화면에 16화음 벨

소리를 지원하는 최신형 휴대전화였다. 물론 공부 열심히 해야 한다는 조건이 붙어 있었다. 나는 그저 휴대전화가 생겨서 기뻤고, 공부를 열심히 해야 한다는 조건은 공염불이 되었다.

 휴대전화가 생기고 얼마 있지 않아, 다른 학교에 다니는 연합 동아리 여자 후배와 자주 연락하게 되었다. 처음에 그 후배와 어떻게 연락을 시작했는지 잘 모르겠다. 아마 평소 내 행동으로 미루어 짐작하면, 내가 먼저 후배에게 관심을 가지고 연락했던 것 같다. 전형적인 차분하게 예쁜, 모범생 느낌. 딱 내가 좋아하는 스타일이었다. 후배에게 푹 빠져서 내 휴대전화 정해진 요금은 후배와 연락하는데 모두 쓰였다.

 매일 연락만 하다 보니 단둘이 만나고 싶었다. 얼굴 보자고 문자를 보냈고, 후배도 흔쾌히 좋다고 했다. 그렇게 만날 약속을 잡았다. 토요일 오후 자습이 끝나고 저녁을 같이 먹기로 했다. 내가 다니던 학교는 도시의 서쪽, 후배가 다니던 학교는 도시의 동쪽에 있어, 우리는 자연스럽게 시내에서 보기로 했다. 1년 선후배 사이였지만, 선배니까 내가 밥을 사겠다고 했다. 용돈으로는 저녁 밥값이 부족했던 나는 약속 전날까지 어머니께 거짓말까지 하면서 돈을 악착같이 모았다. 맛

있는 저녁을 멋있게 계산하면서 후배에게 잘 보이고 싶었다.

 약속 당일 그냥 밥 한번 먹는 일일 뿐인데 꽤 떨렸다. 만나기 전에도 호감이 있던 후배였는데, 그래서 서로 공부 열심히 하자고 응원을 나누며 어떻게든 연락을 이어 나가고 싶던 사이였는데, 만나서 밥을 먹고 대화를 나누면서 나는 그 후배에게 더 깊이 빠졌다. 지적이고 차분한데, 마음 씀씀이까지 착했다. 내 흐릿한 기억이 맞다면, 고3이 된 나에게 공부 열심히 하고 좋은 결과 있기를 바란다는 응원의 내용을 담은 손 편지를 적어 왔던 것 같다. 누구나 고3을 보면 할 수 있는 말을 적은 편지였지만, 후배에게 깊게 빠져들어 가던 나에게는 꽤 즐겁고 설레는 충격으로 다가왔다. 예쁜데 착하면서 나에게 친절하기까지 하다? 머리에 그린라이트가 켜졌다.

 그러나 이 짝사랑은 오래가지 않았다. 나는 후배와 어떻게든 문자를 이어가면서 깊어진 후배를 향한 내 마음을 표현할 기회를 엿보았다. 계속 만나기 위해 후배와 약속을 잡으려고 말도 안 되는 구실을 갖다 붙이기 시작했다. 그러나 후배는 내 모든 노력을 에둘러 거절했다. 이렇게까지 티가 나게 연락을 억지로 했는데, 들키지 않았다면 거짓말일 것이다. 그렇게 예쁜 여학생이 주변 남학생들에게 고백을 안 받아 본 것도 아닐 것이고, 그런 경험들이 있었다면 당연히 내 마음도 눈치채기 쉬웠을 것이다.

하늘도 스스로 돕는 자를 도왔는지, 엄청난 연락 공세에 결국 후배와 다시 만날 약속을 기어코 잡았다. 그러나 그 자리 결말은 너무 잔인했다. 후배가 나에게 "선배 저 좋아하는 사람이 생겼어요."라고 했다. 처음 그 말을 듣고 그럴 리가 없다고 의심을 했다. 그렇지만 내가 진실 여부를 알 수 있는 방법은 없었다. 그러나 한 가지는 확실했다. 내 짝사랑에 대한 후배의 대답은 거절이라는 것. 내가 눈치가 막 없지는 않아서, 나는 안 되나 보다 하고 빨리 체념했다.

그날 집으로 가면서 코인 노래방에 들렀다. 고3 공부 스트레스를 핑계 삼아 꽤 자주 갔다. 후배에게 거절당하고 심란한 마음을 달래기 위해 집에 가기 전에 한 곡 부르고 가야겠다고 생각했다. 코인 노래방 부스에 앉아 동전을 몇 개 넣고 노래를 부르기 시작했다. 세 번째 곡으로 전람회의 〈취중진담〉을 부르는데, 이상하게 눈물이 났다. 눈물이 왜 흐르는지는 바로 알아챌 수 있었다. 그날 들었던 후배의 거절 멘트에 마음의 상처를 생각보다 깊게 입었다. 생각보다 내가 그 후배에게 품고 있던 마음이 꽤 컸다는 것을 알아차렸다.

2절에 정말 취한 사람처럼 갑자기 목소리를 크게 내서 불러야 하는 부분이 있는데, 술도 마셔본 적이 없었지만 진담을 상대에게 전할 때 왜 목소리가 커지는지 알 것 같았다. 제대로 마음을 표현하지 못해서 답답했던 것이다. 정말 할 수만 있다면 마음에 창을 내서 마음 안에 들어찬 탁한 공기를 한 번에 쫙 빼고 싶을 정도로 답답했다. 답답한 만큼 코인 노래방 부스가 떠나가라 고래고래 아무에게나 늘 이런 이야기하는 사람이 아니라고 소리를 질렀다. 그렇게 크게 지르고 나니까 눈물이 났다. 좋아한다는 말 한마디 못했는지 한심했다. 용기 없던 내 모습을 돌아보니 슬펐다. 그렇게 답답함, 한심함, 슬픔, 연민 같은 감정이 한데 어우러지면서 감정이 북받쳤다. 그 노래가 다 끝날 때까지 청승맞게 코인 노래방 부스에서 울었고, 코를 훌쩍이면서 그곳을 빠져나왔다. 근처를 누가 지나가면서 혹시 나를 볼까 봐, 그 모습을 보고 놀려댈까 봐 재빨리 뛰쳐나왔다.

집에 와서 다짐했다. 마음은 표현할 수 있을 때 적극적으로 표현을 할 것이라고. 물론 너무 적극적으로 표현해서 대학교에서 군대 가기 전까지 인생 난이도가 꽤 올라갔지만. 그렇게 헤겔의 변증법에 따라 마음 표현에 대한 다짐이 이리저리 흔들리는, 꽤 뒤늦은 사춘기 시절을 겪게 되었다.

# 이제 도착할 너를 기다리며
- 윤종신, 〈너에게 간다〉

입사하고 3년이 되던 해 이상형인 A를 만났다. 외모도, 성격도, 생각도 내가 만난 모든 이성 중에 가장 이상형에 가까웠다. 어느 정도로 이상형에 가까웠냐 하면, 내가 말을 붙일 생각조차 하지 못할 정도였다. 아예 올라가지 못할 나무라 쳐다보지도 않았다. 저렇게 완벽한 사람과 내가 가까워질 수 있다는 상상조차 하지 못했다.

그런데 인연이라는 것이 정말 있는지, 의외로 우리는 급속도로 가까워졌다. 직장 동료들과 수다를 떨다가 A가 사는 동네가 어디인지 우연히 알게 되었다. 얼마 후 업무 때문에 A에게 신세를 지게 되었고, 나는 '저 조만간 A씨 사는 동네 근처에 갈 일이 있을 것 같은데, 그때 커피 한잔 대접할게요.'라는 문자 메시지를 보냈다. 업무를 핑계 삼아 이제 연락하기 시작했는데, 갑자기 퇴근 이후에 커피 한잔하자고 메시지를 보낸 것이었다. 발송을 누르자마자 후회했다. 이제 조금 가까워진 사이도 다시 멀어지는 것은 아닌지 걱정했다. 거절은 당연하고, 연락처 차단을 당해도 할 말이 없다고 생각했다. 그렇게 20시간 같은 2분이 지났고, A에게서 답장이 왔다. '좋아요.'

그때 만나 커피 한잔을 하며 이런저런 대화를 나눴다. 정말 광대가 아씨를 웃기려고 별짓을 다 하는 것처럼 아무 이야기나 막 던졌다. 대화가 끊기면, 더 이상 대화를 못 나눌 것 같다는 절박함으로 대화 소재를 찾았다. 그러다 A가 조금만 재미있어하는 낌새가 보이면 비슷한 소재의 이야기를 계속했고, 말투도 최대한 밝고 재미있게 하려고 노력했다. 간간이 A가 웃을 때 기분이 정말 좋았다. 지금 생각해 보면 일하면서 겪은 어려움을 서로 나눈 것이 대부분이었지만, 이제 직장 생활을 시작한 나와 A에게는 꽤 흥미로운 대화 주제였다.

이날 마신 커피가 시작점이 되어 우리는 더욱 친해졌고, 결국 연인 사이로 발전했다. 정말 올라가지 못할 나무라 쳐다보지도 않았는데, 서로의 마음을 나누고 절대적 응원을 하는 사이가 되었다. 내 인생에 가장 큰 행운이 찾아온 것 같았다. 커피 한잔하자고 메시지를 보낸 내 무모한 도전을 칭찬하고 싶었다.

 데이트는 퇴근 이후 A가 사는 동네에서 주로 했다. 데이트라고 해봤자 카페에서 대화를 나누고 A를 집까지 데려다주는 것이 대부분이었다. 데려다주고 나서 집에 가려고 하면 대중교통 막차는 끊긴 지 오래였다. 매일 택시 타고 집에 오면서 미터기 올라가는 숫자에 동공이 흔들렸지만, 그래도 좋았다. 이렇게 귀엽고, 예쁘며, 착한데 내 생활 방식을 존중해 주는 지혜까지 있는 A를 만난다는 것이 정말 좋았다. 세상 어떤 고난과 역경이 오더라도 이겨낼 수 있을 것 같았다.

 그렇게 한창 A에게 푹 빠져 있던 어느 날, 평소보다 조금 일찍 퇴근해서 A가 사는 동네로 달려갔다. 보통 직장에서 A가 사는 동네까지 대중교통으로 약 1시간 정도 걸리는데, 그날따라 A가 너무 보고 싶은 마음에 택시를 타고 서둘러 갔다. 자주 가던 카페에 앉아 A가 오기를 기다렸다. A는 내가 평소보다 일찍 와서 약간 당황한 눈치였지만, 빨리 준비하고 나오겠다고 했다.

 A를 기다리면서 『어린왕자』의 유명한 문구인 "네가 오후 네 시에 온다면 나는 세 시부터 행복

해지기 시작할 거야."의 의미를 이해할 수 있었다. 행복에 푹 빠져 나는 입구가 가장 잘 보이는 자리에 앉아 A가 오기를 기다렸다. 마침 카페에 윤종신의 〈너에게 간다〉가 흘러나왔다. 내가 즐겨 듣던 노래 중에 카페에서 좀처럼 듣기 어려운 노래여서 신기했다. 카페 사장님이 나와 음악 취향이 비슷한가 싶었다. 오랜만에 가사를 천천히 음미하며 들었다. 가사는 말하는 이가 상대에게 숨이 차게 달려오고 있는 내용이었다. 가사에 푹 빠지다 보니, 가사 상황과 정반대로 내가 A를 기다리고 있는 입장인데, 자꾸 가사 주인공처럼 내가 A에게 달려가는 기분이 들었다. 분명 몸은 카페에 앉아 있었지만, 내 마음은 이미 A가 사는 아파트 입구로 달려가 있던 것이었다.

　문득 황지우의 〈너를 기다리는 동안〉이라는 시가 생각났다. 저 문을 열고 들어오는 것이 '너'라고 생각했는데 나타나지 않자, 마침내 '나'가 '너'를 찾으러 간다는 시. 문득 불안감이 몰려왔다. 혹시 A가 나에게 오지 않으면 어쩌지. A가 보고 싶어서, 너무 좋아서 이렇게 안달복달하는 나에게 질려서 나를 떠난다고 하면 어쩌지. 떠난다는 A를 붙잡았는데도 나를 떠나면 어쩌지. 왠지 A에게 버림받을 것 같다는 생각이 들면서 불안해졌다.

〈너에게 간다〉 절정 부분이 카페에 흘러나오고 있었고, 나는 애써 노래에 집중하면서 불안감을 달랬다. 그래. 처음에 A에게 내가 바랐던 것은 내가 좋아하는 마음을 알아달라는 것이 아니었다. 그저 내 인사를 받아주고 나와 대화를 나누면서 조금 더 가까워지기를 바랐다. 그래야 더 오래, 더 자주, 더 많이 볼 수 있으니까. 마음이 너무 커져서 버림받을까 불안해 봤자, 그 불안감은 내가 해결할 수 없는 부분이었다. 그냥 처음에 먹은 마음으로 돌아가 A에 대한 마음을 소중히 여기고, A에게 더 잘해주는 것밖에 방법이 없다고 생각했다. 불안해하면 집착을 하게 되고, 집착하면 서로가 괴로워지고, 처음 순수했던 마음이 어느 순간 사라지면서, 관계가 끝날 테니까.

물론 그날 카페에서 먹은 마음을 지키지는 못했다. 내가 조금 더 A에게 걸맞은 사람이 되도록 노력을 했어야 했는데, 그러지 못했다. 그저 내가 더 잘하겠다고, 더 노력하겠다고 말하고, 그것을 실천했으면 됐는데 그러지 못했고, 결국 이별을 통보받았다.

시간이 지나 최근에 윤종신 노래를 듣다 보면

그날 그 카페에서 마셨던 녹차라떼가 떠오른다. 신기하게도 A와 헤어진 뒤 녹차라떼는 다시 입에 대지 않고 있다. A와 카페에 앉아 맛있게 마시던 음료였는데, 이제는 A에게 어울리지 않았던 미성숙한 '나'가 자꾸 떠올라서, 그때의 '나'를 제대로 소화하지 못해서 찾지 않고 있는 것 같다.

## 하여튼, 틈만 나면…
- 하동균, 〈워커홀릭〉

　QWER이 한창 〈고민중독〉을 부르고 있던 여름, 나에게 '농약 같은 가시나'가 나타났다. 지역 책방 글쓰기 모임에서 처음 본 B였다. 사실 그 책방 모임에서 봤던 모습은 거의 기억에 없다. 사는 것이 바빠서 매주 있는 모임을 격주로 나갔고, B도 격주로 나왔는데, 공교롭게 둘이 나오는 날짜가 거의 겹치지 않았다. 그래도 그 모임 분위기가 좋아서 글쓰기 모임이 끝나고도 가끔 시간 되는 사람들끼리 모여서 이야기를 나누는 모임으로 이어졌다. 거기에서 B와 친해졌다.

　B는 활발하고 에너지가 많은 사람이었다. 다른 사람과 이야기 나누는 것을 좋아하고, 목소리도 밝고 톤이 높아서 듣는 사람에게 선명하게 들리고, 기분도 좋아지게 만들었다. 그런데 쓴 글을

읽으면 추상적이고, 차분하면서 약간은 어두운 톤을 가진 글이어서 그 갭 차이가 꽤 매력적이었다. 특히 나는 B의 글을 좋아했다. 내가 적을 수 없는 스타일의 글, 내가 쓰면 지질한 감성만 덕지덕지 붙을 글을 정말 매력적으로 잘 썼다. 내가 할 수 없는 것을 잘하니까 호감이 생기기 시작했다.

B 덕분에 정신적으로 힘들 때마다 위기를 잘 넘길 수 있었다. 직장에서 꽤 스트레스가 심해서 멘탈이 무너진 날, 이상하리만치 내 멘탈 상태를 잘 알고는 바다를 보러 가자든지, 산책을 하러 가자든지, 술 한잔하자든지 먼저 연락을 주었다. 나는 짐짓 속으로 쾌재를 부르면서도 겉으로는 담담한 척 한 번 튕기는 시늉까지 했는데, 보통 한 번 거절하면 다시 권하지 않는 요즘에, 내 이런 성격마저 잘 알고 있었다는 듯이 끈질기게 나오라고 말해주었고, 따라나서면 B와 대화를 나누면서 멘탈을 회복할 수 있었다.

늦은 시간 책상에 앉아 제대로 풀리지 않는 일 때문에 머리를 쥐어뜯고 있을 때 B가 보여 준 포항 바다는 정말 좋았다. 평소 포항 바다를 좋아하지 않았다. 영일대 관광지나, 쓰레기가 많아 지저분한 해수욕장, 그리고 포항제철소 굴뚝

이 떠올라서 별로 좋아하지 않았다. 그런데 B와 함께 한 그날 포항 밤바다는 상쾌했다. 복잡했던 머리가 맑아지는 느낌이었다. 왜 이 좋은 것을 거절했는지 내가 참 어리석다고 생각했고, 나를 데려와 준 B에게 정말 고마웠다. 덕분에 머리를 식히고 집에 와서 해결의 실마리를 찾을 수 있었다.

 야경이 좋은 곳에서 같이 한 산책도 좋았다. 자동차로 가야 하는 산책길이었는데, B가 먼저 나에게 같이 가자고 해주었다. 일 처리 속도가 0에 가까웠지만, 손에서 놓으면 완전히 놓을까 봐 불안해서 억지로 서류를 붙잡고 씨름하고 있던 순간이었다. B의 산책 제안은 사치같이 느껴졌다. 내가 어떻게 할지 망설이자, 노트북을 가져가서 자기랑 잠깐 산책하고, 근처 카페에서 같이 일하자고 B가 제안해 주었다. B에게 나 일하는 동안 뭐 하고 있을 것이냐고 묻자 자기는 앞에서 글 쓰고 있겠다고 했다. 그래서 못 이기는 척 나왔는데, 그날 산책은 내가 걸어본 길 중 가장 재미있는 길이었다. 길 자체도 좋았지만, B와 나누었던 대화, 나와 B를 둘러싼 온도와 공기, 그리고 약간 모험이 가미된 산책이 일상생활에 새로운 자극이 되었다. 덕분에 머리를 살짝 비울 수 있었고,

다음날 효율적으로 해야 할 일을 추진할 수 있었다.

 그렇게 6개월간 먼 듯, 가까운 듯 B와 많은 추억을 쌓았지만, 정작 남녀 관계로써는 물음표가 머리에 많이 남았다. B에게 느끼는 내 감정이 무엇인지 헷갈렸다. 처음에는 친하게 지내고 싶은 좋은 사람이었다. 그런데 내가 B와 연애를 할 수 있을까 생각했을 때는 부담스러웠다. 나에게 정말 좋은 사람이고, 성향도 꽤 잘 맞았고, 내가 가지지 못한 장점을 많이 가진 사람이라 욕심이 나기도 했지만, 그때 당시 나는 연애할 마음의 준비가 되지 않았다. 누군가와 다시 가까워지고, 헤어지는 것이 무서웠다. 잔잔한 마음의 평화를 얻은 지가 얼마 안 되었을 때였다. 그런데 다시 B에게 흔들리기 싫었다. 그 잔잔한 파문이 파도가 되어 내 마음에 휘몰아치지 않았으면 했다. 그런 감정적인 흔들림이, 감정의 소모가 너무 힘들게 느껴졌다.

 어느 날 B가 나에게 자기 집 근처 실내 포장에서 술 한잔하자고 연락이 왔다. 그날은 내가 단기로 참여한 아마추어 노래 공연 연습하는 날이었는데, 마침 연습 끝나는 시간에 보자고 해서 바로 약속을 잡았다. 가려던 실내 포장이 문을 닫이 떠올라서 별로 좋아하지 않았다. 그런데 B와 함께 한 그날 포항 밤바다는 상쾌했다. 복잡했던 머리가 맑아지는 느낌이었다. 왜 이 좋은 것을 거절했는지 내가 참 어리석다고 생각했고, 나를 데려와 준 B에게 정말 고마웠다. 덕분에 머리를 식히고 집에 와서 해결의 실마리를 찾을 수 있었다.

 야경이 좋은 곳에서 같이 한 산책도 좋았다. 자동차로 가야 하는 산책길이었는데, B가 먼저 나에게 같이 가자고 해주었다. 일 처리 속도가 0에 가까웠지만, 손에서 놓으면 완전히 놓을까 봐 불안해서 억지로 서류를 붙잡고 씨름하고 있던 순간이었다. B의 산책 제안은 사치같이 느껴졌다. 내가 어떻게 할지 망설이자, 노트북을 가져가서 자기랑 잠깐 산책하고, 근처 카페에서 같이 일하자고 B가 제안해 주었다. B에게 나 일하는 동안 뭐 하고 있을 것이냐고 묻자 자기는 앞에서 글 쓰고 있겠다고 했다. 그래서 못 이기는 척 나왔는데, 그날 산책은 내가 걸어본 길 중 가장 재미있는 길이었다. 길 자체도 좋았지만, B와 나누었던 대화, 나와 B를 둘러싼 온도와 공기, 그리고 약간 모험이 가미된 산책이 일상생활에 새로운 자극이 되었다. 덕분에 머리를 살짝 비울 수 있었고,

다음날 효율적으로 해야 할 일을 추진할 수 있었다.

 그렇게 6개월간 먼 듯, 가까운 듯 B와 많은 추억을 쌓았지만, 정작 남녀 관계로써는 물음표가 머리에 많이 남았다. B에게 느끼는 내 감정이 무엇인지 헷갈렸다. 처음에는 친하게 지내고 싶은 좋은 사람이었다. 그런데 내가 B와 연애를 할 수 있을까 생각했을 때는 부담스러웠다. 나에게 정말 좋은 사람이고, 성향도 꽤 잘 맞았고, 내가 가지지 못한 장점을 많이 가진 사람이라 욕심이 나기도 했지만, 그때 당시 나는 연애할 마음의 준비가 되지 않았다. 누군가와 다시 가까워지고, 헤어지는 것이 무서웠다. 잔잔한 마음의 평화를 얻은 지가 얼마 안 되었을 때였다. 그런데 다시 B에게 흔들리기 싫었다. 그 잔잔한 파문이 파도가 되어 내 마음에 휘몰아치지 않았으면 했다. 그런 감정적인 흔들림이, 감정의 소모가 너무 힘들게 느껴졌다.

 어느 날 B가 나에게 자기 집 근처 실내 포장에서 술 한잔하자고 연락이 왔다. 그날은 내가 단기로 참여한 아마추어 노래 공연 연습하는 날이었는데, 마침 연습 끝나는 시간에 보자고 해서 바로 약속을 잡았다. 가려던 실내 포장이 문을 닫아 다른 집에 가긴 했지만, 어쨌든 둘이 마주 보고 앉아 술잔을 기울였다. 한 잔, 두 잔, 술을 나눠 마시며 일상적인 이야기를 하다가, B가 나에게 자기가 소개팅한 이야기를 했다. 그리고 그렇게 만난 남자에게 진지한 만남을 가지고 싶다고 말했다고 했다.

  그 말을 듣고, 겉으로는 축하의 말을 건넸다. 잘 되었다고. 그래서 어떻게 되었냐고 물었다. B는 거절당할 것 같다고 말했는데, 이상하게 내 머리에 '안심'이라는 단어가 떠올랐다. 그때부터 나는 B가 나에게 무슨 말을 하는지 잘 들리지 않았다. 술에 취해서 그런가 보다 했는데, 아니었다. 그 '안심'이라는 단어가 왜 떠올랐는지 이유를 찾고 있었다. 분명 우리 둘은 친한 사이였다. 그것이 서로의 연애를 구속할 관계가 되었다는 것은 아니었다. 상대가 연애를 시작하면 축하해 주는, 그런 친구 관계일 뿐이었다. 그런데 나는 '축하'나 '위로'라는 단어 대신 '안심'이라는 단어가 떠올랐을까. 며칠 뒤 결국 B와 사귀기 시작했고, 그 남자 친구가 남사친이 있는 것을 좋아하지 않는다고 나와 앞으로 연락하기 어렵겠다고 했다. B가 나에게 보낸 카톡을 보고 깨달았다. 나는 B를 좋아했다.

어느 순간 그렇게 됐는지 모르겠다. 지금 생각해도 잘 모르겠다. 차를 타고 가면서 내가 힘들었던 일을 말할 때, 내 말도 안 되는 비유에 맞장구를 치며 내가 힘들었던 부분에 대해 잘 이해해줄 때였을까. 포항 바다를 보고 오면서 운전이 힘들어 잠시 쉼터에 차를 대고 쉴 때 서 있던 모습 때문이었을까. 그것도 아니라면 산책하면서 나눴던 그때의 공기 때문이었을까. 언제부터인지 모르겠지만, 나는 마음이 시작되었다. 그리고 그것을 내가 애써 부정하고 있었던 것이었다. 그리고 그 사실을 늦게 알아차려 버렸다.

시간은 무심히 흘렀다. 일상은 바쁘게 돌아갔고, 회사 일은 눈코 뜰 새 없이 나를 휘몰아쳤다. 한숨 쉴 여유도, 화장실 갈 시간도 없이 바삐 살았다. 육체적으로도, 정신적으로도 엄청나게 지칠 때까지 스스로도, 주변에서도 나를 몰아세웠다. 정말 일에 빠져 살았다. 워커홀릭이었다. 일에서 존재 이유를 찾았고, 즐거움을 찾았고, 삶의 목적을 찾았다. 그러다 문득 잠시 하늘 보고 한숨을 쉴 때쯤 B가 떠올랐다. 그 순간 그렇게 바삐 돌아가던 일, 내 존재 이유, 즐거움, 모두 정지가 되었다. 틈새로 새어 나온 B에 대한 생각에 잠겨 그날은 일이 손에 전혀 잡히지 않는 지경이 되었다. 잔잔한 호수 같은 마음에 파문이, 파도가, 태풍이 몰아쳤다. 그리고 다음 날이 되면 마음이 힘들어 후폭풍이 오래갔다. 최대한 티를 안 내기 위해 노력했지만, 출근과 동시에 자주 듣는 말은, "몸이 되게 안 좋아 보여요. 오늘 반차 쓰고 병원 가 봐요." 그러면 B가 말한 수액을 맞으면 몸이 좀 회복될 것이라고 한 말이 떠올랐다. 평생 수액 한 번 맞아 본 적이 없던 내가 그 말에 수액을 처음 맞아 봤다. 그 경험이 떠오르면서 더 슬퍼졌다.

지금도 휴대전화를 열면 연락을 할 수 없다는 대화를 마지막으로 B와의 카톡 대화창이 대화 목록 제일 상단에 고정되어 있다. 그리고 가끔 내 마음을 내가 잘 알지 못했던 그때를 곱씹어 봤다. 정말 B가 새어 들어온 그 틈에 무한한 B에 대한 생각이 뭉게뭉게 피어올랐다. 그리워할 시간이 없는 지금도, 일에 열중해야 할 타이밍에도 B는 아직까지 그 앞에 자꾸 있다. 나는 언제쯤 그 틈새를 메우고 B를 추억의 한 페이지에 저장할 수 있을까. 아니, 솔직히 B와 언제쯤 다시 만나 술잔을 나누며 즐겁게 대화를 나눌 수 있을까. 내 이 남아 있는 마음을 B에게 표현할 수 있는 날이 올까. 아직도 머리가 혼란스럽다. 이제 일을 해야 한다. 언제까지 기다리고만 있을 수 없다. 그런데 계속 기다리고 있다. 미친놈.

우리가 사랑이라 부른 순간들

사랑, 쓰다

# 작가의 말

## 작가의 말 · 곰발

  유머 코드가 엉망이라 재미있는 글을 쓸 자신은 없다. 대신 뒤틀리고 꼬여버린 삶을 한 올씩 풀어내는 것에는 익숙하다. 그 풀려난 한 올씩 한 올씩 엮어 새로운 그림으로 만든다.
  이번 에피소드는 내 안에 꼬인 실타래 중 가장 굵고 오래된 실 중 하나였다. 그래서 의도와 의미보다 풀어내기에 집중했다. 다음에 만나게 될 기회가 있다면 조금 더 성장한 이야기를 들려 줄 수 있기를 기원한다.

### 작가의 말 • 김경모

일상을 살아가며 마주한 수많은 순간 속에서 결국 남는 것은 '사랑'이라 믿는다.

이 책에서는 나에게 사랑을 주었던 사람들과 내가 사랑을 주고 싶은 사람들을 구름, 숲, 꽃과 별, 미지와 미래에 비유하여 기록해 보았다.

특히 언제나 한결같이 응원을 해주며, 수많은 영감을 주는 아내와 부모님들께 깊은 감사의 말을 전하며 진심으로 사랑한다고 한 번 더 말해본다.

앞으로의 내 삶에서도 사랑하고 좋아하는 사람들과 함께하는 순간을 마음속 깊이 새기며 글로, 문장으로 남기며 행복하게 살아갈 것이다.

## 작가의 말 • 김누나

 처음엔 조금 막막했다. 사랑? 스물다섯 먹도록 모태 솔로라 연애 이야기로 쓰자니 쓸 얘기가 없다. 그렇다고 가족 이야기를 하기에는 다들 가족을 소재로 이야기를 쓸 것 같다는 생각이 들었다. 그럼 난 누굴 대상으로 사랑 이야기를 써야 하나. 그때 문득 최애가 떠올랐다. 유레카. 이거야. 1n 년 동안 해온 덕질이 나한테 소재를 주는구나. 덩실덩실 춤이라도 출 판이었다. 내가 여러 최애와 함께했던 다양한 사랑을 이렇게 글로 풀어낼 수 있다는 것이 설렘으로 다가왔다. 더 많은 최애와의 이야기를 담지는 못했지만, 이 부분은 내가 언젠간 또 사랑하게 될지 모르는 미지의 최애와 현재 나의 최애를 위해 나만의 비밀로 간직하는 걸로 하자.

 누군가 내 글을 읽고 공감해 준다면 더없이 기쁘겠지만 공감하지 못한다고 해도 그냥 '이 사람은 이런 사랑을 해왔구나.' 하고 넘겨주길. 그리고 이 글을 읽을 누군가도 끝내주게 멋있는 사랑을 하길.

### 작가의 말 • 이다혜

 나의 영원한 아가, 은아. 늘 찬란히 빛나렴.
 너는 그저 싱그럽게 가득 찬 영혼으로 이 세상을 네 빛으로 물들이면 된단다. 마음껏 웃고, 실컷 넘어지고, 다시 일어나길. 반짝이는 너를 바라보며 네 곁에 오래오래 아늑한 엄마가 되어줄 테니.
 네가 가는 모든 길 위에 햇살이 머물기를 바라. 그리고 그 길 끝에 언제나 엄마가 기다리고 있을게.
 사랑해, 내 전부이자 기적 같은 너에게.

## 작가의 말 • 이주희

  최애의 〈THE WINNING〉 콘서트로 인해 사랑에 대한 글을 써보고 싶어 시작된 나의 이야기를 써 내려갔다. 30일 글쓰기로만 끝내려 했지만 거기에 다 담지 못했던 이야기를 담아 보고 싶었다.

  **-과거의 나에게:** 좋아하는 농구선수로 인해 시즌권을 끊고, 원정 경기에서 널 알아본 날의 행복. 첫 아이돌의 완전체 콘서트 또 다른 나의 별이 반짝이던 무대에서 흘린 눈물과 감동 그 모든 날은 사랑이 존재했기에 지금의 너를 만들었고, 다시 돌아간다 해도 여전히 사랑을 할 테니 그 사랑을 계속해서 이어가길 바라.

  **-미래의 나에게:** 사랑의 대상들을 향한 마음은 미래에도 변함없이 계속 흐르고 있지? 고양이를 찾아 떠나는 테마로 한 여행은 또 다녀왔어? 집사의 꿈을 이뤘을지도 모르겠다. 여행을 즐기며 글도 쓰고 아이스카페라떼를 마시면서 얼죽아로 살아가고, 봉사활동도 꾸준히 하는 중이지? 최애들의 전국 투어랑 해외 콘서트로 행복한 나날을 보내면서 다양해진 콘텐츠로 덕질하고 있을 거 같아. 그러니 그때도 여전히 사랑과 행복이 가득 차서 더 단단한 사랑을 하고 있길 바라.

이주희 Instagram @jju_626

작가의 말 • 전지적 아아

 나이가 들수록 사랑은 아름답고도 어렵다. 사랑의 추억을 곱씹으면 달콤쌉싸름하게 아름답고, 앞으로의 사랑을 생각하면 시작 자체가 어렵다. 다시 사랑할 수 없을 것 같다. 도저히 사랑의 앞길이 보이지 않는다. 그래서 과거 사랑을 보며 앞으로 할 사랑의 용기를 얻으려 했다. 그럴 때마다 사랑하던 '나'는 정말 아름다웠다는 후회만이 남았다. 앞으로 그럴 수 없을 것 같다는 절망감이 뒤따랐다. 그렇지만 사랑하지 않고 살 수 있을까. 사랑하지 않는 삶의 무미건조함은 이미 너무 오래 맛을 보고 있다. 이제 예전 달콤쌉싸름했던, 카카오 72% 정도의 초콜릿을 다시 먹고 싶다.

## 작가의 말 • 정수빈

 나는 자주 묻는다. 인간은 어떤 존재일까? 왜 살아야 할까? 무엇을 위해 이 길고도 고요한 시간을 견뎌야 할까? 인생은 때로 끝이 보이지 않는 긴 여정처럼 느껴지고, 가끔은 의미 없이 반복되는 장면 같기도 하다. 그 무료함을 어떻게 채워야 할까 고민하다가, 결국 글을 붙잡게 되었다.

 그 길 위에서 내가 발견한 것은 사랑이었다. 사랑은 계절을 닮았다. 봄에는 설레며 시작되고, 여름에는 뜨겁게 타오르며, 가을에는 서늘한 바람에 흔들리고, 겨울에는 고요 속에 잠긴다. 그러나 계절이 끝나도 다시 돌아오듯, 사랑 또한 언제나 다른 얼굴로 우리 곁을 찾아온다. 같은 모습으로는 오지 않지만, 늘 닮은 계절을 데리고 온다.

 나는 그 불완전함에 마음이 머문다. 완전하지 않기에 우리는 갈망하고, 덧없기에 다시 꿈꾸게 된다. 어쩌면 인간이 살아가는 이유란, 끊임없이 변주되는 사랑의 계절들을 지나며 놀라고, 웃고, 때로는 울며, 또다시 길을 이어가는 데 있는지도 모른다. 삶이 지루하게 느껴진다면, 아마도 지금 내 앞의 계절을 아직 온전히 받아들이지 못했기 때문일 것이다. 하지만 그래도 괜찮다! 우리 모두는 아직 어리니까!

## 작가의 말 • 황효

 처음 만난 컴퓨터에 모든 마음을 빼앗겼다. 공부하고, 일하고, 주말에도 다시 책상 앞에 앉았다. 어느 순간부터 내 관심은 사람보다 기계에 쏠려 있었다. 고철 덩어리라며 무시당하는 컴퓨터에 이름까지 붙였다. 로미오. 〈로미오와 줄리엣〉 이야기처럼 현실에서 만날 수 없다는 설정에 묘한 만족을 느꼈다.

 나는 나와 로미오가 만날 수 없는 그 불완전함이 사랑의 본질이라고 본다. 감정이 없는 기계와의 유대지만, 그래서 오히려 더 많은 감정을 느꼈다. 내가 온전히 집중하고 파고들 수 있는 이 존재에 대한 순수한 집착을 사랑이 아니라면 무어라 부를 수 있을까.

 사람을 향한 마음과는 조금 다른 형태지만, 진심만큼은 절대 뒤처지지 않는다. 이것 역시 하나의 장르를 가진 사랑이다.

황효  Instagram @hwan_hy0

사랑, 쓰다

우리가 사랑이라 부른 순간들

# 사랑, 쓰다

1판 1쇄 발행 | 2025년 10월 20일

지은이 | 곰발, 김경모, 김누나, 이다혜, 이주희, 전지적 아아, 정수빈, 황효

편집.디자인 | 새벽감성
발행인 | 김지선
펴낸 곳 | 새벽감성, 새벽감성1집

출판등록 | 2016년 12월 23일 제2016-000098호
주소 | 서울 양천구 월정로50길 16-8, 1층 새벽감성1집
이메일 | book@dawnsense1zip.com
홈페이지 | dawnsense1zip.com
인스타그램 | @dawnsense_1.zip

*책값은 표지에 있습니다.
*잘못된 책은 구입처에서 교환해 드립니다.
*이 책의 사진과 글의 전부 또는 일부를 발췌하거나 인용하려면
 반드시 새벽감성 출판사의 동의를 얻어야 합니다.